知識ゼロからの仏教入門

The First Book● Buddhism

長田幸康
Yukiyasu Osada

幻冬舎

知識ゼロからの仏教入門

はじめに

インド北部、ヒマラヤの裾野に位置する丘陵都市ダラムサラ。亡命中のチベットの指導者ダライ・ラマ十四世が住む町として知られている。

そこで多くの青い目の仏教徒たちに出会った。欧米各国から来た彼らは、主に英語で仏教書を読む。チベット人の僧侶は彼らに英語で講義をし、瞑想の指導をする。

それが私にはとても新鮮だった。仏教をめぐる諸々はすべて漢字で書かれているはずだというイメージがあったからだ。

Form — it is, in fact, emptiness.

これが「色《しき》即《そく》是《ぜ》空《くう》」である。

欧米人に仏教などわかるものか!——てっきり東洋人だけのものだと思っていた。だが、仏教は実際には、ワビやらサビやらとは縁遠い、ドライでシビアなインドの風土が生んだ、実に合理的で理屈っぽい思想体系なのだ。

シキソクゼクウという読み方だけは知っていても内容をまるで理解していない私などより、青い目の仏教徒たちの理解は深い。漢字を経由していない分、中身を直接見ているように思えた。

仏教をめぐる言葉は、なまじ日本語の中に入り込んでいるために文字面だけは見慣れている。しかし、中身は見えていない。それが私たちにとっての仏教ではないだろうか。

そんな気持ちで筆者は日本の仏教をあらためて学んできた。そして今も学んでいるところである。近年では、チベットで日本人を相手に仏教についての説明をするという機会にも恵まれ、あらためて日本人にとっての仏教の姿が浮かび上がってきた。

本書は予備知識なしで読めることを目指した仏教の本である。仏教をめぐるキーワードの説明に終始せず、その中身をかみくだいてひもとくよう心がけた。だからといって中身を薄くはしたくないため、図版を多用し、欲張ってあれこれ情報を盛り込んである。お寺が、仏像が、そして仏壇が新鮮に見えてくる視点を込めたつもりだ。なお、筆者の好みとしてチベット関連の話題が多いが、その辺りはご愛敬ということでご容赦いただきたい。

項目の数は全部で百八つ。煩悩の数だけページを繰るうちに、仏教をめぐるモヤモヤが晴れていけば幸いである。

二〇〇六年　初夏

長田幸康

もくじ

第一章　すべての始まり、お釈迦さま
「仏教」を発明したインドのプリンス

第二章 仏教デビュー
意外と知らない基本中の基本

第三章 メイド・イン・ジャパンの仏教
「うちは何宗?」がわかる

第四章

名僧WHO'S WHO
仏教世界のスター列伝

第五章 仏像からのメッセージ

寺めぐりの楽しみ方

第六章 毎日が仏教びより
コレって仏教だったんだ!?

第七章 お葬式とお墓
私たちが仏教を意識するとき

第一章
すべての始まり、お釈迦さま
「仏教」を発明したインドのプリンス

【天上天下唯我独尊】インドの王子さまとして生まれる

〇〇一

お釈迦《しゃか》さまは今からおよそ二千五百年前の紀元前五〜四世紀に生まれたとされている。父はシャーキャ国の王。小さな国とはいえ、お釈迦さまは王子さまとして生を享《う》けたのだ。

シャーキャ国の都カピラヴァスツの場所についてはネパールとインドの二説がある。この「シャーキャ」という音が中国に伝わって「釈迦」と漢字で書かれるようになり、それを私たちは日本風に「お釈迦さま」と呼んでいる。

母マーヤー夫人は不思議な夢を見た。白い象が天から降りてきて右脇から胎内に入ったのだ。そして、占い師に、世にもまれな偉大な王子を身ごもったことを知らされた。

マーヤー夫人は実家に里帰りする途中、今のネパール南西部にあるルンビニー園で産気づいた。お釈迦さまは生まれるとすぐ立ち上がって七歩あゆみ、右手で天を、左手で地を指して「天上天下《てんじょうてんげ》唯我独尊《ゆいがどくそん》」（この世で最も尊いのは私ひとり）と宣言したとされている。

マーヤー夫人は出産後わずか七日目に亡くなり、妹のマハープラジャーパティーが養母となり、シッダールタと名付けられた王子を育てた。

父は後継者を得て喜んだ。王子は理想の帝王になる三十二の身体的な特徴を備えており、占い師たちは「武力によらず世界を支配するであろう」と予言した。

お釈迦さまの誕生

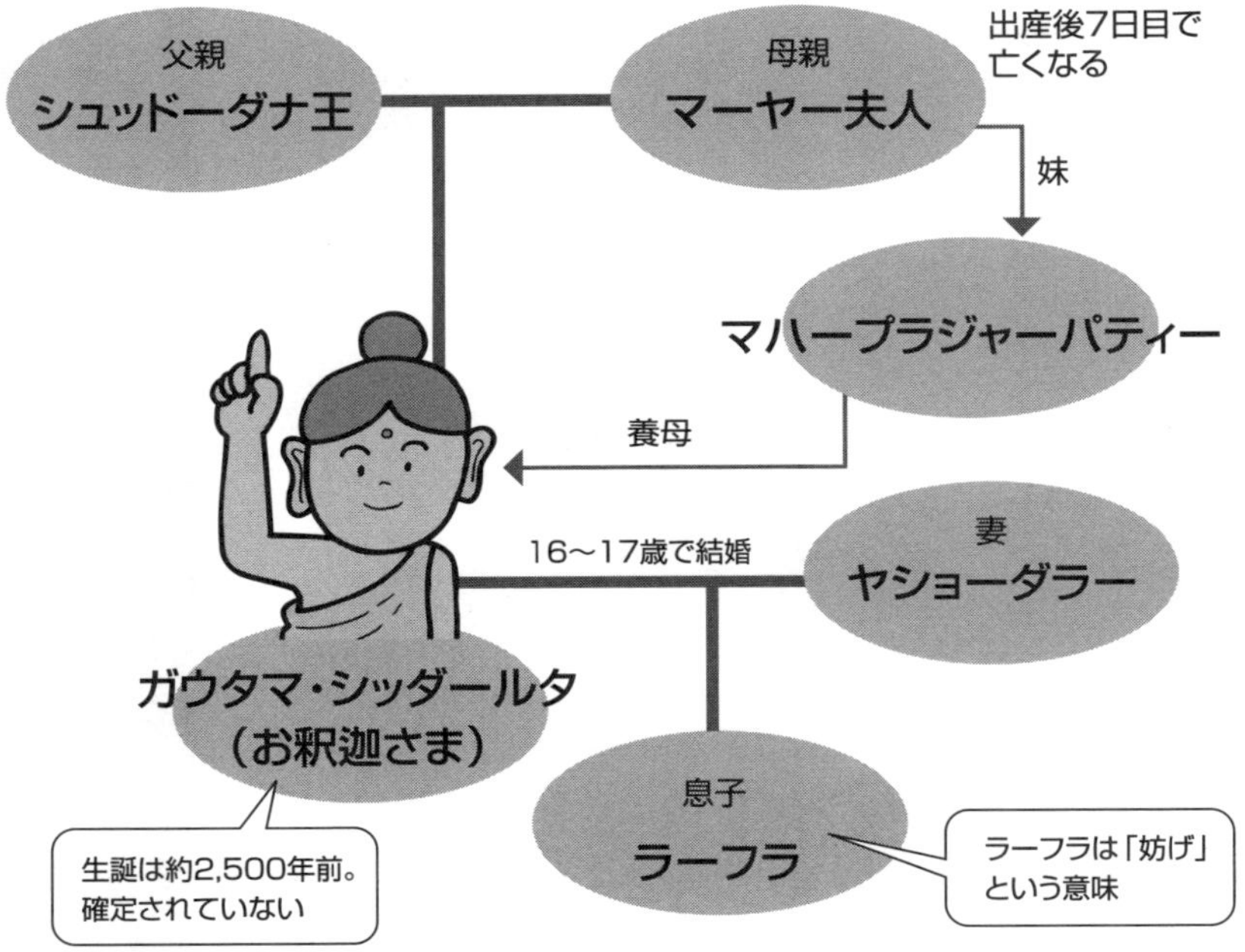

お釈迦さまの呼び名いろいろ

ガウタマ・シッダールタ	フルネーム。ガウタマは「優れた牛」、 シッダールタは「成し遂げる」（サンスクリット語）
ゴータマ・シッダッタ	パーリ語の発音
お釈迦《しゃか》さま	お釈迦さまはシャーキャ国の王子だった。 シャーキャを漢字で書くと釈迦
釈迦牟尼《しゃかむに》	牟尼はムニ（聖者）を漢字で書いたもの
釈尊《しゃくそん》	釈迦牟尼世尊の略称。 世尊は「この世で最も尊いもの」
ブッダ（仏陀）	「目覚めた者」の意味。

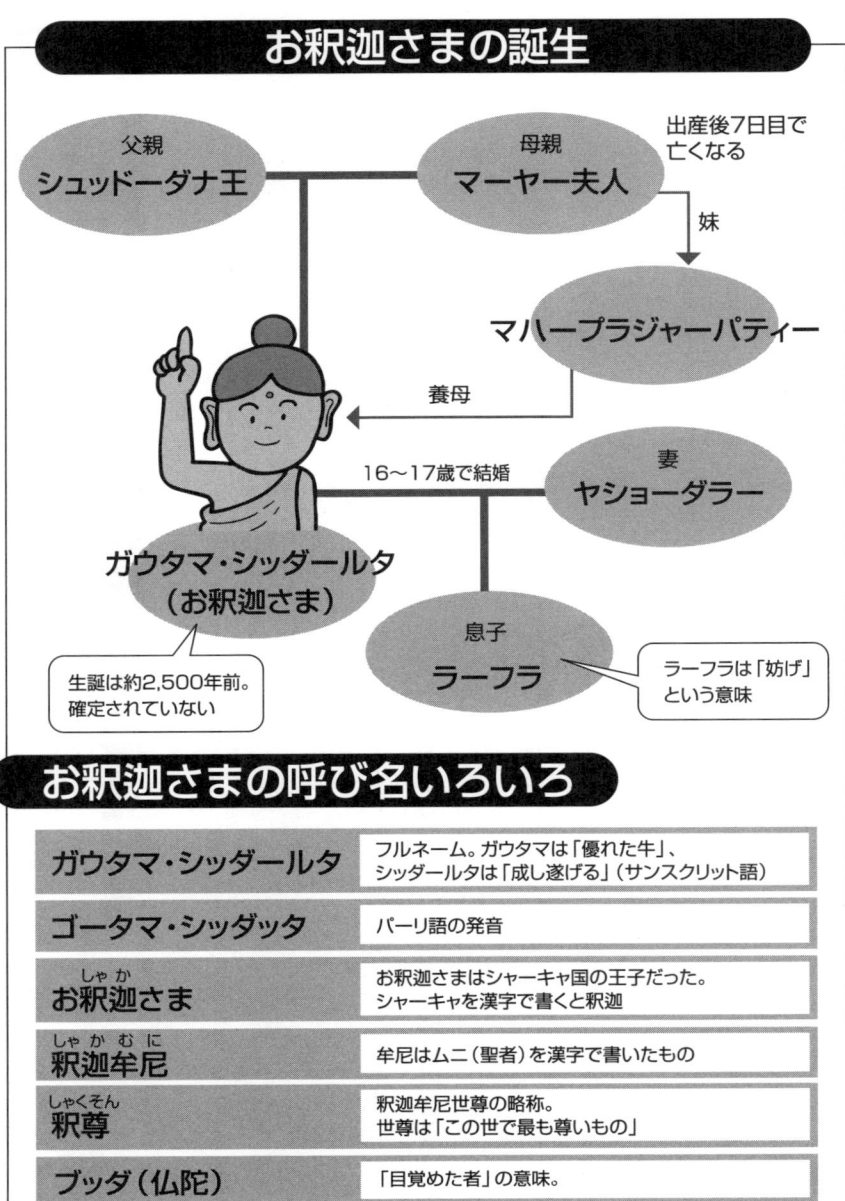

【出家】二十九歳、地位も家庭も捨てて家を出る

〇〇二

父シュッドーダナ王は息子を宮殿から外に出さず、あらゆる快楽を与えた。ヒマラヤの奥に住むアシタ仙人の「出家すれば最高の悟りを得るだろう」という予言が気になって仕方がなかったからだ。出家してしまっては跡継ぎがいなくなってしまう。それでも、シッダールタ王子は父の期待に反して、予言に応えるかのように思索的な青年に成長した。

ある日シッダールタは郊外に散歩に出たいと父に申し出た。気分転換になればと思い、父は外出を許すことにした。

ほとんど生まれて初めて城壁の外へ出たシッダールタの一行は、東の門から出ると、老人に出会った。美しいものしか目にしたことのない王子にとって、それは衝撃だった。別の日、南の門から出ると、苦しみもがく病人を目にした。さらに西の門から出ると、葬列に出会ってしまう。

そして、最後に北の門から城外に出たときに出会ったのが、まばゆく輝く修行者の姿だ。シッダールタはそこに救いを見出した。

こうして老・病・死の苦しみ、そして、生まれてきたからには老・病・死から決して逃れられない生の苦しみを知ったシッダールタは、王子としての地位、妻や生まれたばかりの息子など、すべてを捨てて修行に入ることを決意。二十九歳で城を抜け出して旅に出た。

修行を決意させた「四門出遊」

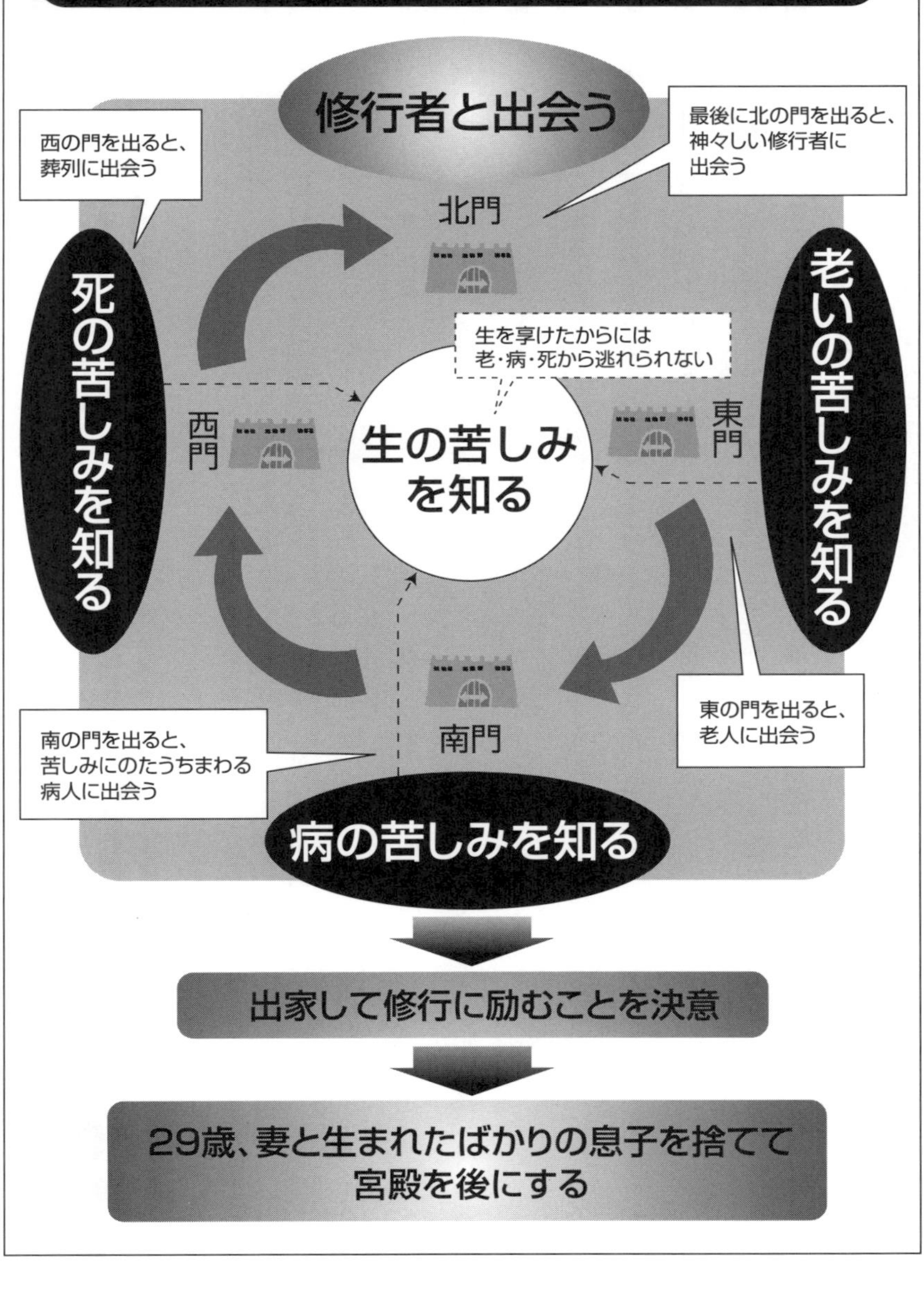

【修行】苦行をきわめた末、その無意味さを知る

〇〇三

シッダールタは修行者の作法にならい、食べ物を乞いながら旅を続け、マガダ国の都ラージャグリハ（王舎城《おうしゃじょう》、現在のラージギル）や宗教的な中心地ヴァイシャリーを訪れた。

求道の旅の中でシッダールタはふたりの重要な師の教えを受けた。アーラーダ・カーラーマ師のもとで「無所有処《むしょうしょ》」（煩悩《ぼんのう》を滅し、何ものにもとらわれない境地）に達し、ウドラカ・ラーマプトラ師のもとで「非想非非想処《ひそうひひそうじょ》」（想うこともなく想わないこともない境地）を会得した。

瞑想によって高い境地に達するふたりの師の教えを短期間でマスターしたシッダールタは、なお満たされないものを感じ、次に肉体を酷使する苦行によって新たな境地を目指した。

五人の仲間とともに山にこもり、断食をはじめとする激しい苦行を続けた。その末に、苦行は真理への道ではないと悟る。

骨と皮だけになったシッダールタは、村娘スジャータが施した乳粥で心身を回復し、後にブッダガヤーと呼ばれることになるガヤーの町の郊外に向かった。そして、菩提樹の木の下で東を向いて静かに瞑想に入ったのである。

快楽だけでもダメ、苦行だけでもダメ——この境地は弦楽器にたとえて「弦を緩めすぎては、いい音が出ない。張りすぎると切れてしまう」という言葉で伝えられている。

シッダールタ王子の求道の旅

2人の瞑想の師を訪ねる

アーラーダ・カーラーマ師のもとで
無所有処
の境地を会得

煩悩を滅し、何ものにもとらわれない境地

ウドラカ・ラーマプトラ師のもとで
非想非非想処
の境地を会得

想うことも想わないこともない境地

しかし

満たされない

5人の仲間とともに苦行に入る

▲断食などの苦行によって
骨と皮だけになったシッダールタの姿は
「釈迦苦行像」として伝えられている

しかし

苦行は真理への道ではない
と悟り、苦行を捨てる

5人の仲間は
シッダールタを見捨て
苦行を続けた

弦を緩めすぎては、いい音が出ない
張りすぎると切れてしまう
快楽だけでも、苦行だけでも、真理には到達できない

村娘スジャータから乳粥の施しを受け、心身を回復

ガヤー郊外に向かい、菩提樹の木の下で瞑想に入る

【悟り】菩提樹の木の下で「目覚めた者《ブッダ》」になる

〇〇四

シッダールタは菩提樹の木の下で深い瞑想に入った。さまざまな煩悩が魔物や美女に姿を変えてシッダールタの心を揺り動かそうとした。この様子は悪魔と戦う逸話として伝えられている。お釈迦さまの仏像に、右手の人差し指を地面につけているポーズがある。これは魔物を退散させた瞬間（降魔成道《ごうまじょうどう》）の姿を表わしている。

瞑想に入って七日目。満月の日の明け方、シッダールタはついに万物を貫く真理、すべての苦しみから解放される法則に到達した。お釈迦さまのことを「ブッダ」と呼ぶが、サンスクリット語で「目覚めた者」という意味である。王子の身分を捨てて城を後にして六年目、三十五歳にして、真理に目覚めた「ブッダ」になったのだ。

ブッダという言葉は後に中国で「仏陀」と書かれるようになり、日本に入って「仏」と呼ばれるようになった。

さて、お釈迦さまは何を悟ったのだろうか。「中道」「縁起」「四つの真理」などさまざまに言われている。おそらく一種の神秘体験として、すべてを瞬時に悟ったのであろう。

お釈迦さまはその後も瞑想を続けた。その真理は他人には理解しがたいものだと感じたため、当初は広めようという気はなかった。しかし、天上界の最高神・梵天《ぼんてん》（ブラフマー）に熱心に勧められ（梵天勧請）、教えを説くことを決心した。

修行6年目で悟りの境地へ

菩提樹の木の下で瞑想を続ける

煩悩が、美女や魔物に姿を変えて妨害する

心を揺れ動かすことなく魔物を屈服させる

降《ごう》魔《ま》成道《じょうどう》

右手の指先を地面に触れるポーズが魔物に打ち勝った象徴

梵天はインドのブラフマー神。天上界に住む

出家から6年目。35歳

悟りを開き、「ブッダ」になる

真理は他人には理解しがたいものだったため、当初は広める気はなかった

梵天の強い勧めで、教えを説くことを決意

【初転法輪】

鹿野苑で五人の仲間に教えを説く

〇〇五

お釈迦さまが最初に教えを説く相手として選んだのは、かつて山の中で苦行に励んだ五人の修行仲間だった。

お釈迦さまはガンジス川沿いの大都市ヴァーラーナシー郊外のサールナートに向かった。鹿がたくさんいたため「鹿野苑《ろくやおん》」と呼ばれる地で、五人が修行を続けていたからだ。

五人は当初、シッダールタが堕落して苦行を放棄したのだと思っていたため、冷たくあしらうよう示し合わせていた。

しかし、いざお釈迦さまが現れると、その威厳を前にして思わず丁重に出迎えてしまい、説法に耳を傾けることになる。

この最初の説法は、仏法（仏の教え）の輪を初めて回したという意味で「初転法輪《しょてんぼうりん》」と呼ばれる。法輪は今も仏教のシンボルとして用いられており、インド国旗の中央にも描かれている。

悟りを開いて「ブッダ」となった者はお釈迦さまが初めてではないとされる。お釈迦さま自身も梵天の熱心な勧めがあって初めて教えを説くことを決意したように、人知れず悟りの境地に至る者はいたようだ。しかし、人々のために広く教えを説いたのは、お釈迦さまが初めてだった。

こうしてお釈迦さまにとって初めての五人の弟子が誕生した。仏教の教えを学び、伝えていく僧侶のグループができあがったのである。

仏教の始まり

かつての2人の師に教えを説こうとする

瞑想の師
アーラーダ・カーラーマ師と
ウドラカ・ラーマプトラ師

しかし

すでに亡くなっていた

苦行をともにした5人の仲間に説こうと鹿野苑を訪れる

初めて教えを説く
初転法輪

中道……快楽と苦行の極端に走らない (→p.58)

四諦……四つの真理 (→p.44)

八正道……八つの実践 (→p.44)

仏教の始まり

教え（法）が勢いよく広まっていく様子を車輪の回転にたとえ、「初めて輪を回した」という意味で、このように呼んだ

寺院の屋根には、鹿野苑を象徴する雌雄の鹿とともに法輪が据えられている
（チベット・ジョカン寺）

「法輪」が仏教のシンボルに

インド国旗の中央に描かれている

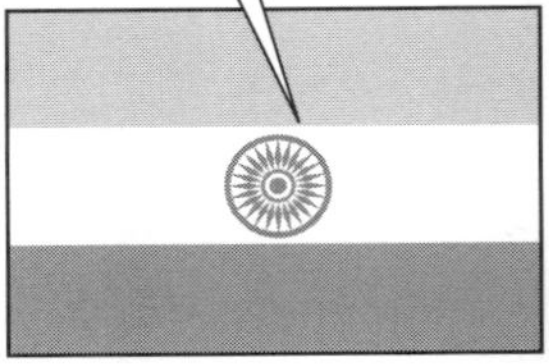

〇〇六

【仏・法・僧】弟子が増え、教団が成立

お釈迦さまの教えを受けた五人の修行仲間は、初めての「ビクシュ」となった。ビクシュは「食を乞う者」の意味であり、後に漢字で「比丘《びく》」と書かれ、今も出家した僧侶のことを指す。

五人の比丘によって僧侶のグループである「サンガ」（僧伽《そうぎゃ》）、つまり教団が誕生した。こうして、仏（お釈迦さまその人）、法（教え）、僧（僧侶・教団）の「三宝《さんぽう》」が揃い、宗教としての仏教が成立したのである。

お釈迦さまは五人の弟子に、苦しみについての四つの真理「四諦《したい》」（→四四頁）、苦しみを克服するための道として極端に走らない「中道《ちゅうどう》」（→五八頁）と「八正道《はっしょうどう》」（→四四頁）を説いたとされている。

お釈迦さまの評判が高まるにつれ、ヴァーラーナシーの有力者を皮切りに、教えに従う者がみるみる増えていった。マガダ国のビンビサーラ王は比丘たちの生活・修行の場として「竹林精舎《ちくりんしょうじゃ》」を設けて寄進した。コーサラ国の大富豪スダッタは、『平家物語』の冒頭でもお馴染みの「祇園精舎《ぎおんしょうじゃ》」を寄進して比丘たちを迎えた。

お釈迦さまは長らく離れていた故郷にも帰り、父を信者とし、多くのシャーキャ国の青年を出家させて弟子とした。義母のマハープラジャーパティーが女性として初めて弟子になり、比丘尼《びくに》（尼僧）の教団も誕生した。

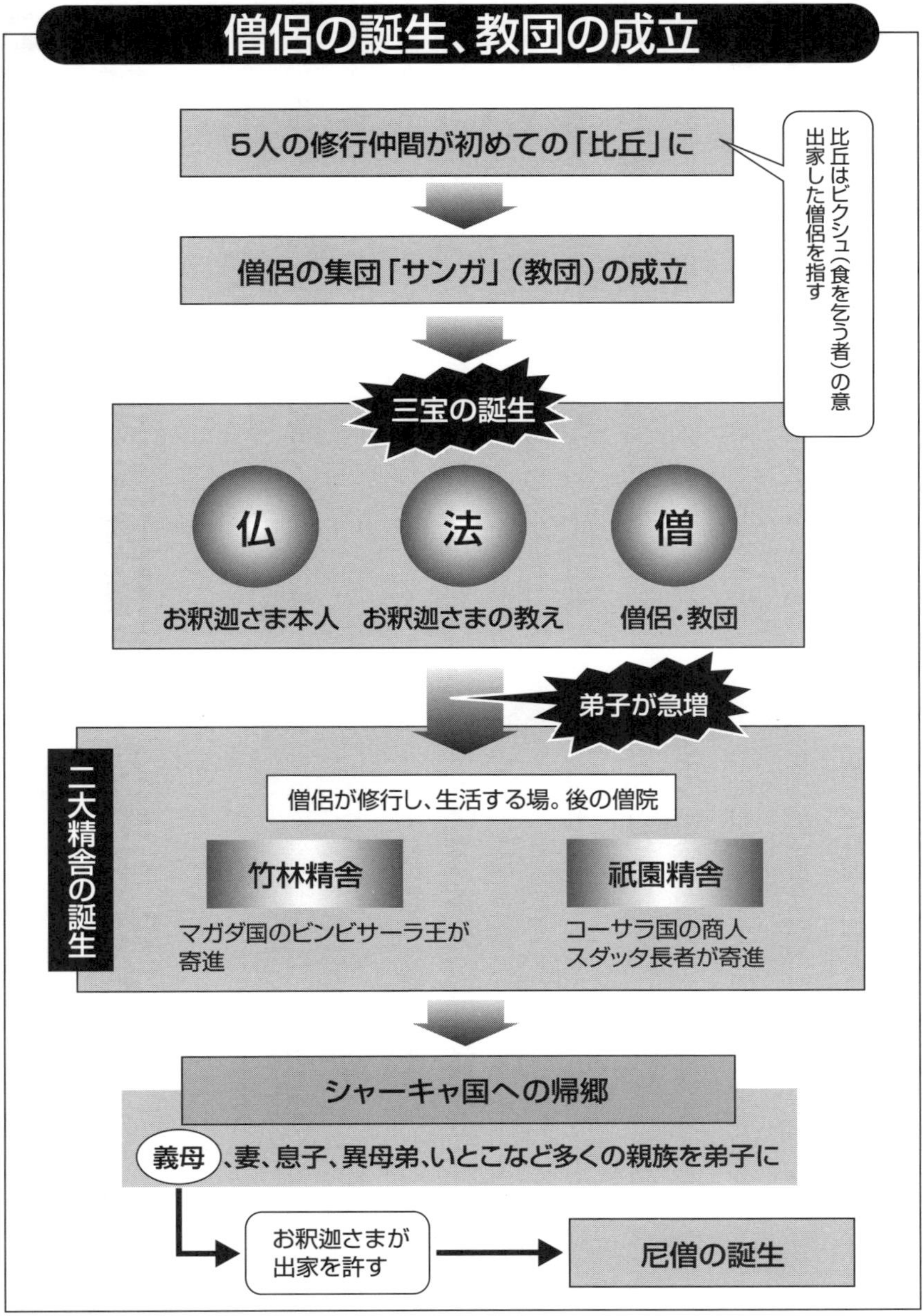
僧侶の誕生、教団の成立
５人の修行仲間が初めての「比丘」に
比丘はビクシュ（食を乞う者）の意
出家した僧侶を指す
僧侶の集団「サンガ」（教団）の成立
三宝の誕生
仏
法
僧
お釈迦さま本人
お釈迦さまの教え
僧侶・教団
弟子が急増
二大精舎の誕生
僧侶が修行し、生活する場。後の僧院
竹林精舎
マガダ国のビンビサーラ王が寄進
祇園精舎
コーサラ国の商人スダッタ長者が寄進
シャーキャ国への帰郷
義母、妻、息子、異母弟、いとこなど多くの親族を弟子に
お釈迦さまが出家を許す
尼僧の誕生

〇〇七

【サンガ】お釈迦さまの教えを直接受けた弟子たち

お釈迦さまの教えは瞬く間に広まっていった。多くの弟子を従えていた宗教指導者や各地の富豪も次々とお釈迦さまの弟子になった。

「二大弟子」と称されるのはシャーリプトラとマウドガリヤーヤナである。ふたりはもともとサンジャヤという高名なバラモン（司祭）のもとで出家をして修行に励んでいた。シャーリプトラは托鉢の途中、鹿野苑で最初にお釈迦さまの弟子になった五人のひとりに出会い、その教えを聞くと直ちにマウドガリヤーヤナを誘って弟子入りすることを決意した。この時、五百人いたサンジャヤの弟子の半分がお釈迦さまの弟子になったという。

このふたりをはじめ、お釈迦さまから直接教えを受けた有力な弟子十人が「十大弟子」として知られている。たとえば、マウドガリヤーヤナは神通力に優れていたため「神通第一」と称されるなど、それぞれの得意分野で力を発揮した。

身分や職業、性別、生い立ちにかかわらず弟子入りできたのも、お釈迦さまの教団の特徴だ。人々を恐れさせた盗賊アングリマーラや娼婦アンババーリーにも等しく教えを説いて出家させた。バラモン階級を頂点とする厳格な身分制度があるインドにおいては革命的なことだった。

最後の弟子はスバドラという百二十歳のバラモン。病床で最期を迎える直前のお釈迦さまから教えを聞き、その場で弟子となったとされている。

お釈迦さまの十大弟子

二大弟子

シャーリプトラ　舎利弗・舎利子　しゃりほつ・しゃりし

智慧第一　教えの理解が早く、お釈迦さまのかわりに教えを説くこともあった。『般若心経』に登場する

マウドガリヤーヤナ　目犍連・目連　もくけんれん・もくれん

神通第一　神通力にすぐれ、前世を見ることができた。「お盆」の起源に関係あるとされている（→p.178）

マハーカーシャッパ　大迦葉・摩訶迦葉　だいかしょう・まかかしょう

頭陀《ずだ》第一　衣食住への執着を捨て、質素な生活を実践する「頭陀行」を続けた。教団を受け継ぎ、「第一結集」（→p.34）を行なった

スブーティ　須菩提　しゅぼだい

解空第一　「空」（→p.50）の思想の理解にすぐれていた。叔父はお釈迦さまに祇園精舎を寄進したスダッタ長者

プールナ　富楼那　ふるな

説法第一　説法にすぐれ、西方の遠隔地で多くの信者を得た

マハーカーティヤーヤナ　摩訶迦旃延　まかかせんねん

論議第一　お釈迦さまの教えをわかりやすく説くのに秀でていた

アニルッダ　阿那律　あなりつ

天眼第一　お釈迦さまの従弟。お釈迦さまの説法中に居眠りをとがめられ、不眠の誓いを立てて視力を失ったが、真理を直接見ることができた

ウパーリ　優婆離　うばり

持律第一　当時、最も身分の低い階層のひとつだった理髪師から出家。第一結集で戒律を担当した

ラーフラ　羅睺羅　らごら

密行第一　お釈迦さまの息子。お釈迦さまが悟りを開いた後に帰郷した際に出家した。規律をよく守る修行者となった

アーナンダ　阿難・阿難陀　あなん・あなんだ

多聞第一　お釈迦さまの従弟。側近として最も多く説法を聞いたとされる。第一結集で経典の編さんに中心的な役割を果たした

〇〇八

【涅槃】「自分の力で考えよ」と言い残して

いくらお釈迦さまとはいえ、人生すべて順風満帆だったというわけではない。従弟のデーヴァダッタのように離反する者もいた。最愛の弟子シャーリプトラとマウドガリヤーヤナは先に亡くなり、母国シャーキャ国は滅びてしまった。そして、お釈迦さま自身も病におかされていた。

アーナンダに対する説法で「他人ではなく自らをより所とし、ほかのものではなく仏法をより所として精進しなさい」と説いた。この「自《じ》灯明《とうみょう》・法灯明《ほうとうみょう》」の教えは、指導者のカリスマ性や権威に頼るのではなく、自分の力で考え、仏法だけに従えという戒めである。

死期を三カ月後と予言したお釈迦さまはクシナガラに至り、二本のサーラ樹（沙羅双樹《さらそうじゅ》）の下で、頭を北にして、右脇を下にして横になった。すると、沙羅双樹が花開き、降り注いだという。

紀元前三八三年（諸説あり）初夏の満月の日、お釈迦さまは瞑想に入ったまま静かに息を引き取った。最後の言葉は「すべては移ろいゆく。怠らず精進しなさい」だったとされている。お釈迦さまが亡くなることを「ニルヴァーナ」（涅槃《ねはん》。煩悩の火が吹き消された状態）と呼ぶ。

七日間の供養の後、遺体を荼毘《だび》に付そうとしたが、薪に火が付かなかった。教団の後継者マハーカーシャッパが遠方から到着して礼拝を終えると、薪がひとりでに燃え上がったとされている。

人間としてのお釈迦さまの最期

お釈迦さまが説いた「諸行無常」そのままに悲劇が相次ぐ

- ✖ 従弟デーヴァダッタが反逆を企てる
- ✖ その陰謀でマガダ国ビンビサーラ王が殺害される
- ✖ 愛弟子シャーリプトラが病で先立つ
- ✖ 愛弟子マウドガリヤーヤナが異教徒に襲われ殉死
- ✖ 母国シャーキャ国が滅亡

↓

最後の伝道の旅へ

ガンジス川北岸ヴァッジ国の都ヴァイシャーリーへ

↓

お釈迦さま自身も病に

↓

最後の説法

十大弟子のひとりアーナンダに対して説いた

「自灯明・法灯明」

自らを灯とし、自らをより所として、
他人をより所としてはならない。
法を灯として、法をより所として、
他のものをより所にしてはならない。

↓

3カ月後の入滅を約束

マッラ国の都クシナガラへ旅立つ

↓

紀元前383年頃、クシナガラにて

静かに涅槃へ

頭を北に、右脇を下にして亡くなった

〇〇九

【仏舎利】お釈迦さまの遺骨はどうなった？

輪廻転生の考え方が根づいているインドには、遺骨や遺体を祠る習慣はない。しかし、お釈迦さまとなると別格。遺骨（仏舎利《ぶっしゃり》）は信者によって八等分され、安置するための仏塔が建てられた。二百年ほど後にインドを統一して仏教を保護したアショーカ王はこれらの仏塔を発掘し、遺骨を細かく分けて八万四千の仏塔を建てて祠ったとされている。その後、仏教が広まるとともに多くの仏教国におびただしい数の仏塔が建てられたが、すべてに仏舎利が祠られているわけではない。日本では、一九〇四年にタイ国皇帝から贈られた仏舎利を安置するために、名古屋に覚王山日泰寺《かくおうざんにったいじ》が建立された。

さまざまな仏塔

形はさまざまだが、もともとは
お釈迦さまの遺骨を納めるためのもの

チベットの仏塔

ネパールの仏塔

〇一〇

【前世】お釈迦さまは前世も偉大だった！

お釈迦さまが亡くなった後の紀元前四〜三世紀頃、「ジャータカ」（本生譚《ほんじょうたん》）と呼ばれるお釈迦さまの一連の伝記が誕生した。伝記は伝記でも、お釈迦さまがシッダールタ王子として生まれる前の、前世でのお話だ。お釈迦さまとて、いきなり悟りを開いたわけではない。それまで数え切れないほどの生まれ変わりを経て修行を積み重ねた後に、ようやくこの世界で悟りに至ったのだ。その前世の物語は、他者のために命をも捧げる利他の行ないに満ちている。ジャータカはもともとインド神話なども題材として取り入れており、後に世界中に広まってイソップ物語やグリム童話、アラビアン・ナイトなどにも影響を与えた。

お釈迦さまの前世での善行

捨身飼虎

お釈迦さまがマハーサットバ王子として生まれたときの話。乳飲み子を抱えていたため餌をとりに行けず、空腹のあまり自分の子を食べようとしている母虎がいました。王子は哀れに思い、自らの身を虎の前に投げ出しました。しかし、虎は力つきて襲いかかる力さえありません。そこで、食べやすいように、着物を脱いで、崖に上り、虎の目の前に飛び下りて、自分の身を食べさせて、虎の母子の命を救いました。

月兎

お釈迦さまがウサギに生まれたときの話。キツネとサルとともに「来世のために良い行ないをしよう」と話し合っていました。帝釈天は、良い行ないをさせてあげようと老人の姿になって現れました。サルは木に登って木の実を採りました。キツネは川で魚を捕ってきました。しかし、ウサギにはこれといった特技がありません。そこで「私には何もできません。肉を召し上がってください」と言って火の中に飛び込みました。帝釈天はウサギの善行を讃え、黒こげになったウサギの姿を月に遺しました。

【聖地】今も巡礼者でにぎわう八大聖地

〇一一

お釈迦さまが亡くなっても、その教えは広まっていった。仏教の教えは「〇〇という弟子が××と問うた。お釈迦さまは△△とお答えになった」といった形で伝えられる。お釈迦さまがいかに優れていたかといったエピソードを聞くにつけ、その現場に行ってみたいという信者も増えていく。

お釈迦さまにちなんだ聖地としては、まず生誕の地ルンビニー、悟りを開いた成道《じょうどう》の地であるブッダガヤー、初めて教えを説いた初転法輪《しょてんぽうりん》の地サールナート、そして、涅槃《ねはん》の地クシナガラが四大聖地として知られる。

さらに、さまざまな教えを説いた霊鷲山《りょうじゅせん》や竹林《ちくりん》精舎《しょうじゃ》のあったラージャグリハ（今のラージギル）、最後の雨期を過ごしたヴァイシャーリー、祇園《ぎおん》精舎のあったシュラーヴァスティー（今のサヘート・マヘート）、そして、お釈迦さまが天界に住む母のために説法に赴き、再びこの世に降り立った地とされるサンカーシャを加えて八大聖地が巡礼の対象となった。

これらの聖地はお釈迦さまが活躍したインド北部に集中しているが、仏教を信仰したアショーカ王が八万四千といわれる仏塔をインド各地に建てると、それぞれの地域で信仰を集めた。

その後インドでは仏教は力を失ったが、これらの仏教聖地は今も世界中から訪れる仏教徒でにぎわっている。

お釈迦さまゆかりの八大聖地

八大聖地	四大聖地	ルンビニー	生誕の地。現在はネパール領
		ブッダガヤー	菩提樹の下で悟りを開いた成道の地
		サールナート	鹿野苑で初めて教えを説いた初転法輪の地
		クシナガラ	沙羅双樹の下で生涯を閉じた涅槃の地
		シュラーヴァスティー	祇園精舎があったコーサラ国の都
		ラージャグリハ	霊鷲山、竹林精舎があったマガダ国の都
		ヴァイシャーリー	重い病にかかり、最後の雨期を過ごした地
		サンカーシャ	天界に住む母に教えを説き、再びこの世に降り立った地

〇一二

【分裂】保守派と改革派に「根本分裂」

お釈迦さまが亡くなると、その教えを整理してまとめようという動きが現れた。中心になったのは教団の後継者マハーカーシャッパ。ラージャグリハに五百人の高弟（五百羅漢《らかん》）を集め、お釈迦さまがそれぞれの弟子にどんな説法をしたのかをまとめていった。これが第一回目の教えの整理「第一結集《けつじゅう》」である。最も多く説法を聞いたとされるアーナンダと、戒律に精通した弟子ウパーリが大きな役割を果たした。

お釈迦さまが亡くなって百年ほどたつと、ライフスタイルも大きく変わり、守るべき規則（律）について教団内部で対立が起こった。そこで、主な課題「十事《じゅうじ》」をめぐってヴァイシャーリーで「第二結集」が行なわれた。

特に争点となった条項は「金銭で布施《ふせ》を受け取ってもよいか」。当時ヴァイシャーリーは商業都市として栄えており、僧侶があちこちに出かけるのにも現金が必要だった。食べ物で施しを受けているだけでは、布教にも不便をきたす。

ところが、第二結集では、十事すべてにわたって戒律を緩めてはならないと決まった。この決定をめぐり、お釈迦さまが説いたことだけを正当と見なす「上座部《じょうざぶ》」と、時代に即して変化するべきだとする「大衆部《だいじゅぶ》」に仏教界は分裂（根本分裂）。現在の「上座部仏教」と「大乗《だいじょう》仏教」という二大潮流はここに源を発する。

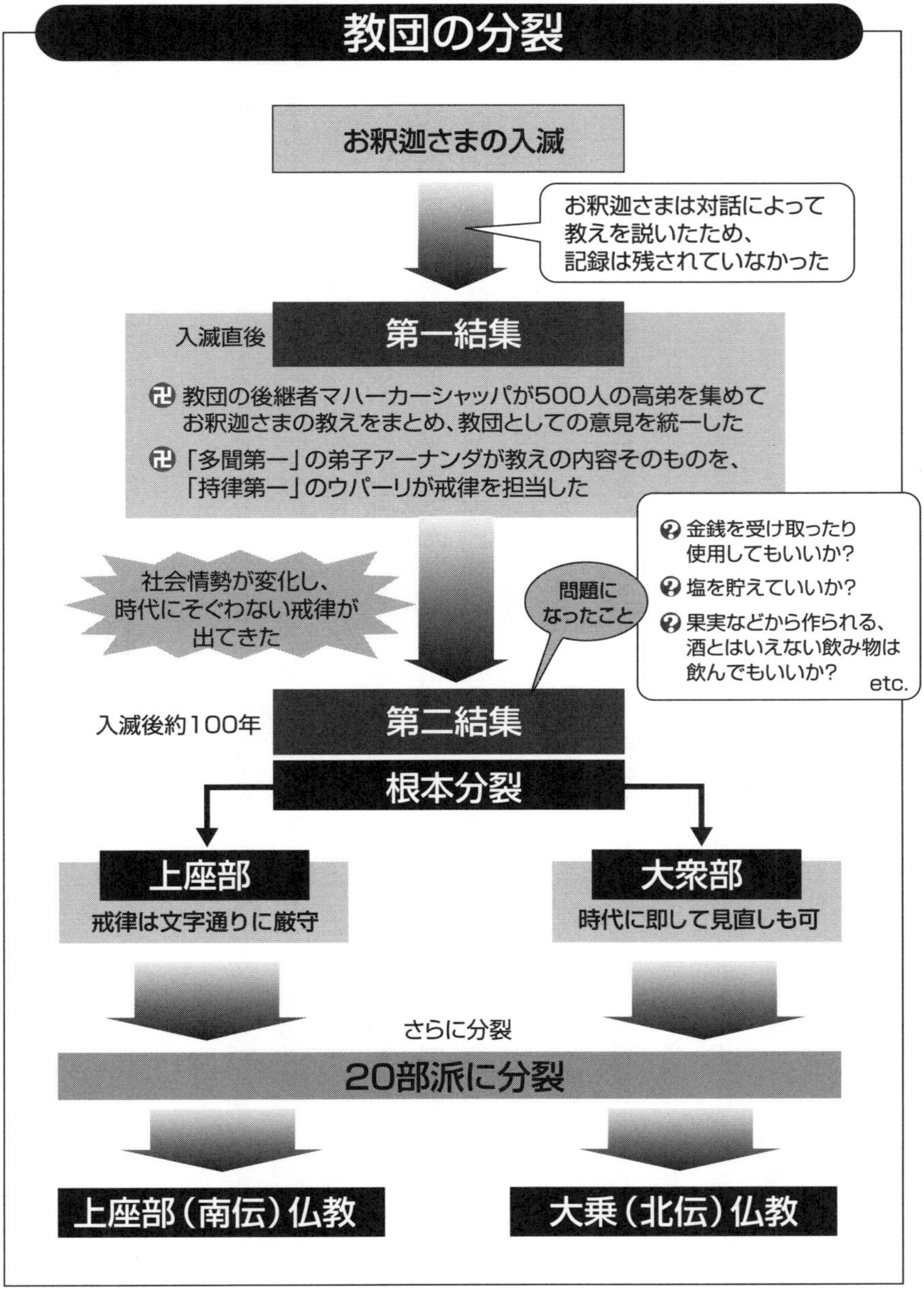
教団の分裂
お釈迦さまの入滅
お釈迦さまは対話によって
教えを説いたため、
記録は残されていなかった
入滅直後
第一結集
教団の後継者マハーカーシャッパが500人の高弟を集めて
お釈迦さまの教えをまとめ、教団としての意見を統一した
「多聞第一」の弟子アーナンダが教えの内容そのものを、
「持律第一」のウパーリが戒律を担当した
社会情勢が変化し、
時代にそぐわない戒律が
出てきた
問題に
なったこと
金銭を受け取ったり
使用してもいいか？
塩を貯えていいか？
果実などから作られる、
酒とはいえない飲み物は
飲んでもいいか？
etc.
入滅後約100年
第二結集
根本分裂
上座部
戒律は文字通りに厳守
大衆部
時代に即して見直しも可
さらに分裂
20部派に分裂
上座部（南伝）仏教
大乗（北伝）仏教

コラム 1

ヒマラヤで生き残った仏教

紀元前五世紀頃にインドで生まれた仏教は八～九世紀にはヒンドゥー教に吸収され、十三世紀、イスラム教勢力によって完全に滅ぼされた。

しかし、それ以前にアジア各地に伝わった仏教は、それぞれの地で根を下ろしていった。そのうち、ヒマラヤ山脈を挟んでインドの北側に位置するチベットには、七～八世紀にかけて仏教が伝わった。折しも密教（→六四頁）が最も発展した時期。チベットには顕教と合わせて多くの密教の教えが伝えられたのが特徴だ。

チベットでは当時ヤルルン王家と呼ばれる一族が、広大なチベット高原に初めて統一国家を打ち立てつつあった。ちょうど同じ頃、聖徳太子が日本統一に仏教を用いたように、チベット王も仏教を核にした国づくりを進めた。

ただし、日本と違ったのが、まずインドの言葉で書かれた経典をすべて自分たちの言葉に翻訳する作業から始めたことだ。現在も使われているチベット文字は、経典を翻訳するためにインドの文字から作られたものだ。

翻訳といえば中国でも盛んに漢訳が行なわれたが、道教や儒教という既存の思想がどうしても反映されてしまう。一方、いい意味で無垢だったチベット人は、原典に非常に忠実に翻訳を行なった。チベット語の経典は現在も仏教研究には欠かせないものとなっている。

第二章

仏教デビュー

意外と知らない基本中の基本

【この世】私たちはどんな世界に生きているのか？

〇一三

お釈迦さまはさまざまな教えを残し、それを後生の僧侶らが解釈して色々な名前をつけてくれた。いったん中国を経由しているために漢字ばかりになってはいるが、漢字ならではのわかりやすいキーワードも生み出された。

それぞれのキーワードの話に入る前に、お釈迦さまが明らかにしたこの世の仕組みを大雑把に見ておこう。

まず、お釈迦さまが修行の道を志した原因となったのは、人間に生まれたからには誰もが避けられない「生老病死」の苦しみだ。

この苦しみをなくすためには、苦の原因を知らなければならない。その原因とは、人間のさまざまな欲望である。

では、人間がなぜ欲望にとらわれるのかといえば、この世のすべてが移ろい変わっていくもの（無常）であるということを知らないからだ。この状態を「無明《むみょう》」と呼ぶ。

根本の原因である無明から脱するための道筋と心構えをお釈迦さまは説いた。それは肉体を痛めつけるような苦行ではなく、正しい行ないや正しい言葉、そして正しい瞑想である。これを実際にどのような方法で行なうかについては人それぞれ。お釈迦さまも相手に合わせて説いたし、その後創出された多くのノウハウが現在の多様な仏教につながっていると言える。

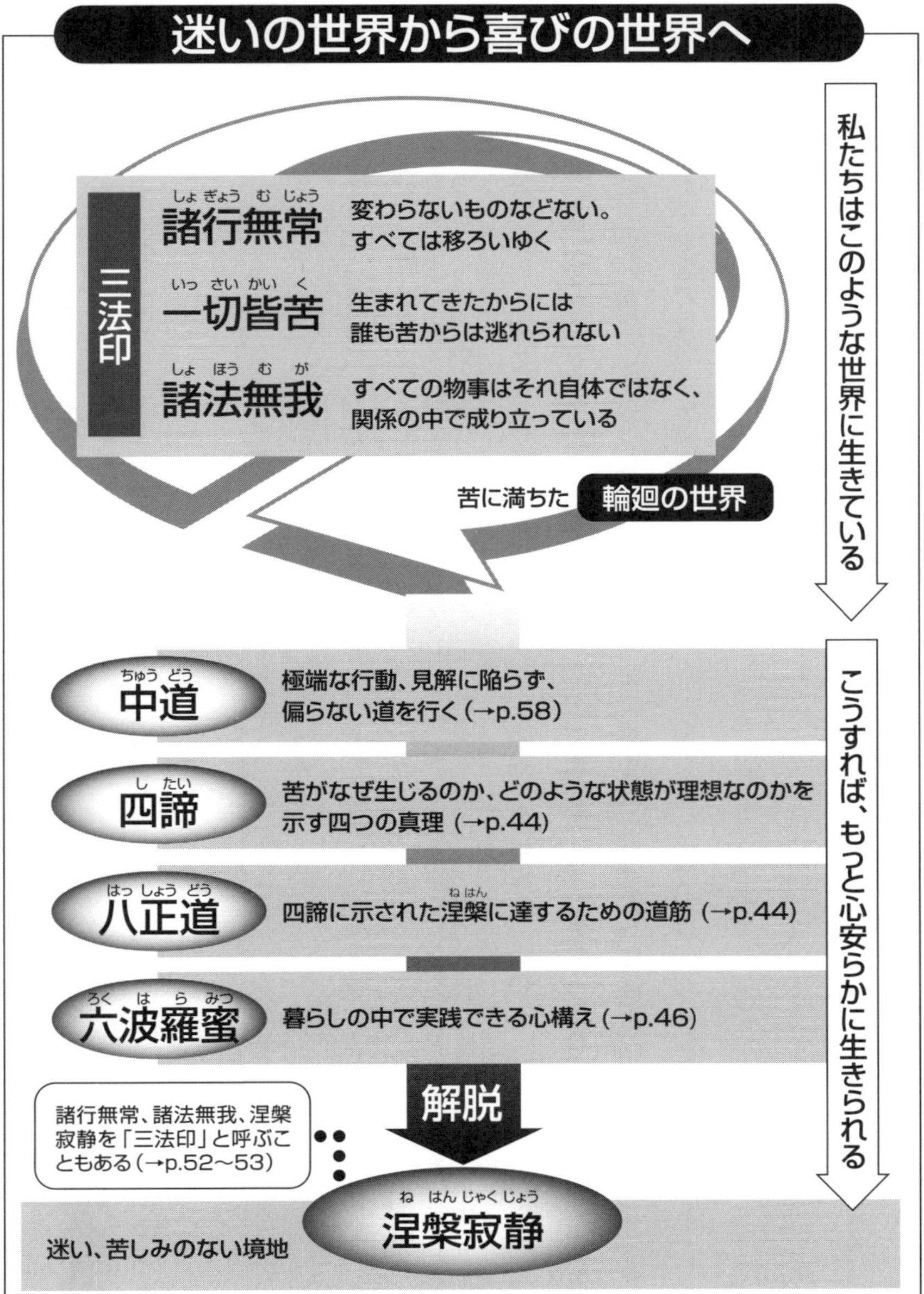
迷いの世界から喜びの世界へ
私たちはこのような世界に生きている
三法印
諸行無常《しょぎょうむじょう》
変わらないものなどない。すべては移ろいゆく
一切皆苦《いっさいかいく》
生まれてきたからには誰も苦からは逃れられない
諸法無我《しょほうむが》
すべての物事はそれ自体ではなく、関係の中で成り立っている
苦に満ちた
輪廻の世界
こうすれば、もっと心安らかに生きられる
中道《ちゅうどう》
極端な行動、見解に陥らず、偏らない道を行く（→p.58）
四諦《したい》
苦がなぜ生じるのか、どのような状態が理想なのかを示す四つの真理（→p.44）
八正道《はっしょうどう》
四諦に示された涅槃《ねはん》に達するための道筋（→p.44）
六波羅蜜《ろくはらみつ》
暮らしの中で実践できる心構え（→p.46）
解脱
諸行無常、諸法無我、涅槃寂静を「三法印」と呼ぶこともある（→p.52〜53）
迷い、苦しみのない境地
涅槃寂静《ねはんじゃくじょう》

【四苦八苦】人生は思い通りにならない

〇一四

お釈迦さまを修行へと駆り立てた、すべての出発点は「苦」であった。

生まれること、老いること、病むこと、死ぬことは、決して自分の思い通りにはならない。「生老病死」の四つの苦からは、誰も逃れることができないのだ。「生」は「生きる苦しみ」ではなく、「生まれる苦」である。どんな姿でどんな環境に生まれてくるかは、思い通りにはならない。身分制度が厳格だったインドでは、特に重要なことであった。

お釈迦さまは「初転法輪《しょてんぼうりん》」の際、この「四苦」に「愛別離苦《あいべつりく》」「怨憎会苦《おんぞうえく》」「求不得苦《ぐふとくく》」「五蘊盛《ごうんじょう》苦《く》」を加えて「八苦《はっく》」とした。

・愛別離苦――どんなに愛する人でも、別れは必ずやってくる。

・怨憎会苦――恨みや憎しみを抱いていても、会わなければならない。

・求不得苦――物であれ地位であれ、求めても望み通りには得られない。

・五蘊盛苦――心も体も五蘊（色《しき》・受《じゅ》・想《そう》・行《ぎょう》・識《しき》→五一頁）から構成され、煩悩を生じるもととなり、自分の思い通りにはならない。

これらを合わせて「四苦八苦」という。

この世はすべて苦であること（一切皆苦《いっさいかいく》）をまず受け止め、苦を生み出している原因を探ることが、苦を乗り越える唯一の道であるとした。

この世は四苦八苦

四苦

生

生まれる苦しみ

どのように生まれてくるかは選べない

老

老いる苦しみ

老いは、誰にも避けられない

病

病の苦しみ

誰もが病気に悩まされる

死

死の苦しみ

死は誰にでも、必ず訪れる

八苦

愛別離苦

どんなに愛していても、別れは必ずやってくる

怨憎会苦

イヤでも会わなければならない

求不得苦

物も地位も、求めても思い通りには手に入らない

五蘊盛苦

心も体も煩悩を生じるもととなり、自分の思い通りにはならない

【縁起】

「縁起がいい」は偶然ではない

〇一五

私たちは「縁起がいい」「因縁がある」といった言葉を使う。この「縁起」「因縁」も、お釈迦さまが六年間の修行の末に至った重要な真理だ。

縁起の法則とは、あらゆるものは「因」と「縁」によって生じるという意味だ。すべてのものは他の何かと依存し合って存在しており、単独で存在しているものは決してない。「因」は直接の原因のこと、「縁」は補助的な条件を指す。たとえば、植物は種をまくことによって生長し、花を開かせる。種は「因」であり、日光や水や土の栄養分が「縁」ということになる。

たとえば「老死《ろうし》」という「苦」は「生《しょう》」（生まれること）から生じる。「生」は「有《う》」（存在すること）によって生じ、「有」は「取《しゅ》」（執着）によって生じる。「取」は「愛《あい》」（渇望）から生じ、「愛」は「受《じゅ》」（外界を認識し、感じること）により生じる……こうしてさかのぼると、真理を知らない「無明《むみょう》」が根本の原因となって「苦」を生み出したのだとわかる。

この「縁起」は逆にたどることもできる。つまり、「無明」という根本の原因をなくせば、「老死」を滅することができるのだ。

仏教の教えはすべてこうした因果関係で説明される。「神様がこうおっしゃった」という他の宗教とは違い、仏教の教えには飛躍がなく、そもそも理屈っぽいのだ。

十二縁起

順観（原因↓結果）

逆観（原因↑結果）

❶	無明《むみょう》	ものがどのように存在しているのか、本当の姿を知らない無知
❷	行《ぎょう》	間違った認識（無明）が生む身体の行為、言葉の行為、心の行為
❸	識《しき》	無明にもとづく行為が意識に植え付けられる
❹	名色《みょうしき》	植え付けられた意識によって、自らの肉体、行為、そして世界ができあがる
❺	六入《ろくにゅう》	肉体ができあがるとき、五つの感覚器官（眼・耳・鼻・舌・身）と心（意）が生じる
❻	触《そく》	感覚器官によって外界と接触し、認識する
❼	受《じゅ》	外界を認識し、「苦をもたらす」「楽をもたらす」「どちらでもない」いずれかと感じる
❽	愛《あい》	「楽をもたらす」と認識したものを求める。性欲、食欲、物欲、名誉欲などの欲望が生じる
❾	取《しゅ》	欲望の対象に執着する。執着にとらわれた行為をする
❿	有《う》	執着によって次にどう生まれ変わるかが決まる
⓫	生《しょう》	輪廻の六道のいずれかに生まれる
⓬	老死《ろうし》	生まれた瞬間、老いと死の苦が始まる

〇一六

【四諦・八正道】四つの真理と八つの道筋

お釈迦さまは最初の説法で「四諦《したい》」を説いたと伝えられる。「諦」は「あきらめ」ではなく、真理・真実のこと。苦諦《くたい》・集諦《じったい》・滅諦《めったい》・道諦《どうたい》が四諦である。

人生は苦であり、四苦八苦は自分の思い通りにはならない――これが「苦諦」である。

苦をもたらす原因は人間の欲望であり、欲望にとらわれるのは、この世に存在するものが無常であることを知らないからだ。永久に変わらないものなど何もないのに、ずっと続くものだと思ってしまう。これを「無明《むみょう》」の状態と呼ぶ。苦の原因は無明にある。苦の原因を招き集めるものに関する真理が「集諦」である。

苦を滅した境地が「滅諦」、すなわち「涅槃《ねはん》」である。「火を吹き消す」という意味の「ニルヴァーナ」の音に漢字をあてて「涅槃」となった。煩悩の火を吹き消した状態である。

そして、苦を滅した涅槃の境地に至る道筋に関する真理が「道諦」だ。

最後の「道諦」について、お釈迦さまは具体的に八つの実践の道を説いた。これが「八正道《はっしょうどう》」「八聖道《はっしょうどう》」である。

お釈迦さまの教えを正しく理解し、考え、これにもとづいて日頃の生活の中で良い行ないを積み重ね、正しい修行に精進する――八正道はあらゆる仏教の修行の基本理念である。

四つの真理と八つの道

四諦　四つの真理

苦諦	人生は苦であり、自分の思い通りにはならない
集諦	この世に存在するものは無常である。それを知らないから欲望が生まれ、苦の原因を生む
滅諦	煩悩が消え、苦を滅した境地が涅槃である
道諦	涅槃の境地に至るには、修行する道筋がある

八正道　八つの道

正見	正しいものの見方、考え方をもち、物事をありのままに見る
正思惟	正見にもとづいた正しい考えをもつ
正語	正見にもとづいた正しい言葉を語る
正業	正見にもとづいた正しい行ないをする
正命	正見にもとづいた正しい生活をする
正精進	正見にもとづいた正しい努力をする
正念	以上の六道を通して、お釈迦さまの教えをいつも心に正しくとどめる
正定	正見と正念にもとづいた正しい瞑想を行なう

〇一七

【六波羅蜜】暮らしの中で実践できる心がまえ

インド北部のガンジス川沿いで活躍したお釈迦さまは、よく川のたとえを使った。

こちら岸は四苦八苦の世界。対岸は苦を滅した世界。向こう岸（彼岸《ひがん》）の幸せな世界に渡ることを「彼岸に至る」という。サンスクリット語で「パーラミター」。般若心経《はんにゃしんぎょう》（↓一〇四頁）の有名なフレーズ「般若波羅蜜多《はんにゃはらみた》」の「波羅蜜多」である。なんだか複雑な漢字だが、ただ音を写しただけで文字そのものには意味はない。ちなみに、春と秋の「お彼岸」はここから来ている。

四苦八苦を滅するには八正道に従えばよいが、これはいわば出家して修行をする者のための実践法だ。そこで、普通に暮らす者たちが実践できるものとして「六波羅蜜」が説かれるようになった。

①惜しまずに施しをし（布施《ふせ》）、②戒律を尊重し（持戒《じかい》）、③苦難を耐え忍び（忍辱《にんにく》）、④たゆまず努力し（精進《しょうじん》）、⑤瞑想によって精神を集中し（禅定《ぜんじょう》）、⑥以上の実践によって完成された智慧《ちえ》を得る。

①～⑤は⑥を得るための手段として、車の両輪にたとえられる。どちらかが欠けても成り立たないものだ。

五つの波羅蜜をさらにくだいて言えば、①慈しみの心をもって行動する、②慎みをもって行動する、③忍耐強い心をもつ、④努力をする、⑤自らの心を見つめる習慣をつける、そうすれば⑥心が穏やかになる——となるだろう。

彼岸に渡る六つの実践
四苦八苦を滅するためには
八正道
を実践すればよい
正見
正思惟
正語
正業
正命
正念
正精進
正定
しかし
出家していない
庶民には難しい
そこで、
日常の中で実践しやすい
ルールが説かれた
六波羅蜜
彼岸に至るための実践
四苦八苦を滅した世界
布施
惜しまず与える
持戒
戒律を守る
忍辱
耐え忍ぶ
精進
たゆまず努力する
禅定
精神を統一する
智慧
以上によって完成された智慧を得る

〇一八

【諸行無常】すべてのものは移り変わる

祇園精舎《ぎおんしょうじゃ》の鐘の声、諸行無常の響きあり——『平家物語』の冒頭だ。この「諸行無常」はお釈迦さまが亡くなる直前に語った言葉であり、真理のひとつである。

「無常」というのは、いつも移り変わっていること、不滅ではないということ。人間であれ、物であれ、今そこにある状態は幻のようなもので、実は決まった姿をもってはいない。季節が移ろいゆくように、常に移り変わっていく。

今生きている私たちは百年前には誰もいなかったし、百年後には誰もいなくなる。永久不滅の愛を誓い合って結婚しても、離婚したり、死別したりするかもしれない。自分を愛してくれた両親は先に亡くなってしまうし、最愛の子どももはやがて親元を離れていく。親友が敵に変わることもある。形あるものはいつかは壊れる。

私たちは、財産や愛情を永久に続くものとして考えがちだ。だから執着が生まれ、思うようにならないから苦が生まれる。無常であるという真理を知ることで、苦からの解放が始まる。

とはいえ、無常だからこそ喜びや悲しみがあるのだろう。無常という言葉にはなんとなく虚しさ、はかなさがともなうが、本来は「物事は変化する」と言っているだけだ。無常だからこそ、私たちは新しいものをつくりあげることができ、良い方向に変わることができるのだ。

お釈迦さまが前世で聞いた「無常の歌」

諸行《しょぎょう》無《む》常《じょう》
是《ぜ》生《しょう》滅《めっ》法《ぽう》
生滅《しょうめつ》滅《めっ》已《い》
寂滅《じゃくめつ》為《い》楽《らく》

すべては生まれては滅び、
常に移り変わっていく
これが、生まれては消えていく
物事の真の姿である
生まれ滅びることに
とらわれる思いを滅すれば
心は静寂で、穏やかになれる

無常偈《むじょうげ》

お釈迦さまが前世で修行者だったとき、悪鬼が現れて「無常の歌」の前半を詠んだ。感動したお釈迦さまは後半が知りたくて、自分の身体を差し出すことにした。後半を聞き終わったお釈迦さまは、この言葉を岩に刻んで谷間に身を投じる。悪鬼はお釈迦さまをやさしく受け止めた。実は悪鬼は帝釈天だったのである。
――この「無常偈」は、当時のお釈迦さまの名前「雪山童子《せっせんどうじ》」にちなんで、「雪山偈」とも呼ばれる。

色は匂へど《いろはにほへと》　散りぬるを《ちりぬるを》
我が世誰ぞ《わかよたれそ》　常ならむ《つねならむ》
有為の奥山《うゐのおくやま》　今日越えて《けふこえて》
浅き夢見じ《あさきゆめみし》　酔ひもせず《ゑひもせす》

いろは歌

空海がつくったとされる「いろは歌」は、「無常偈」の内容を織り込んだものとも言われている。

○一九

【諸法無我】「私のもの」など、ひとつもない

お釈迦さまは「諸法無我《しょほうむが》」、すなわち「我」に実体があると見なしてはいけないと説いた。あらゆるものはお互いに依存し合って存在しており、単独で存在しているものは何ひとつないからだ。

たとえば「私」といっても、他の何かとの関係性の中でさまざまに名づけられる「私」があるだけで、ここからここまでが「私」という確かな実体は見出すことができない。

しかし、私たちは「これが私なのだ」と思い込みがちだ。こうした幻にとらわれていると、年とともに移ろいゆく自分の姿を鏡で見て「こんなのは私じゃない」と悲嘆にくれる。

「これは私のものだ」という思い込みも苦しみを招く。形あるものはいつかは壊れるし、最愛の人に裏切られることもある。自分の身体や心さえ思うままにはならない。「私のもの」なんて、どこにあるだろうか?

ただし「私」が存在しないわけではない。それぞれの肉体や心や個性をもち、ぼんやりとした境界をもった「私」というかたまりはある。苦を滅して悟りを開くのも、ほかならぬ「私」だ。しかし、永久不滅の実体ではなく、あくまで他のものとの関係性の中で存在し、変化する。

こうした「我」へのこだわりをなくした状態が「無我」。後に「空《くう》」という言葉で説かれるようになる。

〝私〟は何でできている?

諸法無我…「我」に実体はない
私たちは5種類の要素
「五蘊《ごうん》」(5つのかたまり)でできている
色《しき》
肉体・物質
目に見える、形のあるもの。
常に変化し、老いていき、滅びる
受《じゅ》
五感などの感覚
感じ方は常に変化し、心地よい
感覚への欲望にかられ続ける
想《そう》
知識・イメージ
「私は女だ」「私は日本人だ」と
自らレッテルを貼り、
それにとらわれる
行《ぎょう》
行動を生む意思
常に「何かしたい」と思い、
それにとらわれる
識《しき》
認識する
心のはたらき
心はいつも変化し続け、
〝私〟は見つからない

〇二〇

【涅槃寂静】仏教の目指す安らぎの境地

この世に変化しないものはなく（諸行無常）、すべての物事は関係の中で成り立っており、実体をもった「我」は存在しない（諸法無我）。この真理を理解し、苦に満ちた世界（一切皆苦《いっさいかいく》）を超えて、理想の状態を目指すのが仏教の教えだ。

　仏教が理想とする境地が「涅槃寂静《ねはんじゃくじょう》」である。「涅槃」はサンスクリット語の「ニルヴァーナ」の訳で、「悟り」の境地をも意味する。

「ニルヴァーナ」にはもともと「炎を吹き消す」という意味があり、転じて、荒れ狂う煩悩が吹き消された穏やかな状態を表わす。「寂静」はやはり苦や迷い、煩悩のない心安らぐ境地だ。

　お釈迦さまが亡くなることも「涅槃」、あるいは完全な涅槃という意味で「般涅槃」と呼ぶ。ニルヴァーナは「滅」とも訳されるため、お釈迦さまが亡くなることを「入滅」とも称する。

　いろいろな言葉が登場するが、苦に満ちた世界から抜け出すことを「解脱《げだつ》する」「悟る」「涅槃に入る」といい、抜け出した後の心穏やかな状態が「涅槃」「悟りの境地」である。

　先にあげた「諸行無常」「諸法無我」に「涅槃寂静」を加えたものを、お釈迦さまの教え（法）の旗印（印）、つまりキャッチフレーズという意味で「三法印《さんぽういん》」と称する。仏教の最も基本的な教えである。これに「一切皆苦」を加え、「四法印《しほういん》」とすることもある。

仏教の最も基本的な教え

諸行無常
すべての物事は移り変わっており、
永遠に変わらないものなど存在しない。

諸法無我
すべての物事はそれ自体ではなく、
関係の中で成り立っており、
実体をもった〝我〟は存在しない。

涅槃寂静
苦は、無常を知らないために生じる
煩悩や執着である。
煩悩の炎を吹き消すことにより
心安らかな境地に至ることができる。

三法印

一切皆苦
すべての物事は移り変わっており、
自分の思い通りにはならない。
生まれてきたからには、
この苦からは、誰も逃れられない。

四法印

【煩悩】少なく数えて三つ、多く数えれば八万四千！

〇二一

お釈迦さまが「四諦《したい》」（→四四頁）の「集諦《じったい》」で説いたように、私たちの苦の原因は欲や執着だ。「ほしい」「やりたい」「偉くなりたい」と思うのに、それが満たされないため苦が生じ、「大切」「愛おしい」とこだわるから失ったときに苦が生じる。こういった欲望や執着を「煩悩《ぼんのう》」と呼ぶ。

煩悩は心や体を煩わせ、悩ますものだ。俗に「百八の煩悩」などと言われるように、私たちは実に多くの煩悩にまみれている。

仏教では煩悩はさまざまに分類・分析されており、多く数えれば八万四千もあるとされている。最も基本的かつ、とりわけ強力な煩悩としては「三毒《さんどく》」がある。

三毒とはすなわち①貪欲《とんよく》、②瞋恚《しんに》、③愚痴《ぐち》（または無明《むみょう》、無智《むち》）。平たくいえば、①むさぼるようにほしがること、②思い通りにならないと腹を立てること、③真理を知らない愚かさ。動物ではそれぞれ鶏、蛇、豚にたとえられる。

これに④慢《まん》、⑤疑《ぎ》、⑥悪見《あっけん》を加えて「六大煩悩」「根本煩悩」などと呼ぶこともある。それぞれ④おごり高ぶる、⑤よく考えもせず真理を疑う、⑥間違った見解をもつ、である。

煩悩があってこそ人間とも言えるが、煩悩がもたらすのは束の間の快楽にすぎない。煩悩をいかにコントロールし、心を穏やかにするかが仏教にとって最大の課題である。

「三毒」と「六大煩悩」

三毒
愚痴《ぐち》
（無明《むみょう》、無智《むち》）
真理を知らない
愚かさ
貪欲《とんよく》
むさぼるように
ほしがる
瞋恚《しんに》
思い通りにならないと
腹を立てる
六大煩悩
悪見《あっけん》
間違った
見解をもつ
慢《まん》
おごり高ぶる
疑《ぎ》
よく考えもせず
真理を疑う

【方便】相手によってアドバイスはさまざま

〇二二

四諦《したい》、八正道《はっしょうどう》、六波羅蜜《ろくはらみつ》――仏教にはこうしたキャッチフレーズがたくさんあり、仏教を学ぶというのはこれらの言葉を学ぶことだと思われがちだ。しかし、それはおそらくお釈迦さまの本意ではない。

仏典の中で伝えられているように、お釈迦さまは弟子や信者に対して抽象的なスローガンを唱えたわけではない。その人がすぐにでも実践できる具体的なアドバイスを一人ひとりに与えていた。当然、相手によってケースバイケース。ある弟子に言ったことと別の弟子に言ったことが矛盾していることもある。

俗に「嘘も方便《ほうべん》」という。「方便」というのはそもそも仏教語で、サンスクリット語の「ウパーヤ」（近づく）に由来する。目的に導くための巧みな手段という意味である。

お釈迦さまがさまざまな状況で説いた教えは、相手を悟りに近づけるという大きな目的のもと、その状況に合わせて救いの手を差しのべる手段だったと考えられる。

したがって、お経に書いてあるお釈迦さまの指示が、すべての人に当てはまるとは限らない。薬と同じで、ある人にとって最適であっても、別の人には効果がなかったり、毒になったりもする。

しかも二千五百年前のインドの話である。現代の日本でそのまま通じるほうが不思議だ。お釈迦

真実を伝えるための処方箋「方便」

case1

　最愛の息子が死んでしまい、子どもを生き返らせる薬を探している母親がいました。

　彼女はお釈迦さまに出会い、「薬をください」と請いました。

　お釈迦さまはこう答えました。

「死人を出したことのない家から、ケシの種をもらって飲ませれば、子どもは生き返るであろう」

　母は喜んで、誰も死んだことのない家を探し回りましたが、ついにひとつも見つかりませんでした。

　死は避けられないものである――母はようやく悟りました。

case2

　優れた医者の子どもたちが、父親の留守中に毒薬を飲んで気がふれてしまいました。父は薬を調合しましたが、正気を失った子どもたちは薬を飲もうとしません。

　そこで父は家を出て、しばらく後に「父は旅先で死んだ」と伝えさせました。

　子どもたちはショックで正気を取り戻し、薬を飲んで病から立ち直りました。


（ともに法華経より）


さま自身も「私の言葉はイカダであり、川を渡るための便宜上の道具にすぎない」と言っている。

　たとえばお釈迦さまは「私が前世で××だった頃……」と自分の前世を語っている。しかし、本気で輪廻《りんね》したと考えていたかどうかは疑わしい。当時のインドでは輪廻転生が普通の考え方であり、そう言ったほうが相手に深く印象づけられるため一種の「たとえ話」として前世を引き合いに出したのではないだろうか。

　広く考えれば、お経や仏像やさまざまな儀式も、すべて「こういうのがあったほうが、真理に近づくより所になるだろう」という配慮で用意された方便だと考えられる。

　お釈迦さまの入滅さえ方便とされている。本来は不滅なのだが、一通り教えを説き終わった時点で死んだと見せたほうが、人々の気が引き締まり、一生懸命教えを学ぶだろうというわけだ。

【中道】バランスのとれた偏らない考え方

○二三

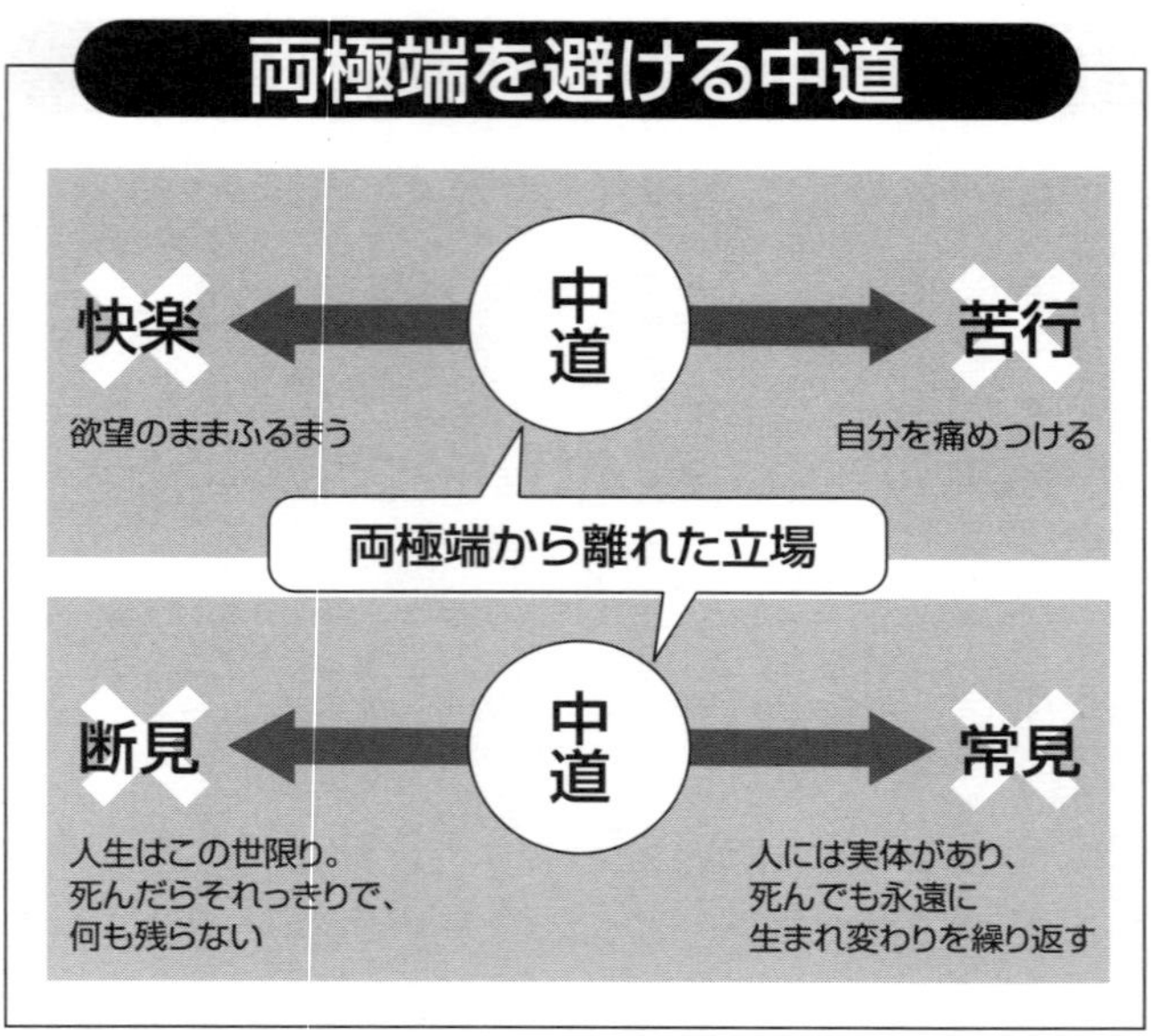
両極端を避ける中道
快楽
欲望のままふるまう
中道
苦行
自分を痛めつける
両極端から離れた立場
断見
人生はこの世限り。
死んだらそれっきりで、
何も残らない
中道
常見
人には実体があり、
死んでも永遠に
生まれ変わりを繰り返す

お釈迦さまの教え「八正道」の核心には「中道《ちゅうどう》」と呼ばれる原理がある。極端な快楽と極端な苦行の両方を経験した末に見出した、両極端に偏らないバランスのとれた生き方や考え方だ。

たとえば、「死んでも『我』が永遠に残る」という考え方は「常見《じょうけん》」、「死んだら何も残らないから、努力しても無駄だ」という考え方は「断見《だんけん》」と呼ばれる。常見も断見も両極端であり、どちらからも離れた立場が中道となる。

どっちつかず、あいまいという意味ではない。極端に流されがちな心を見つめ、本来の目的に即した道を問い直すことにほかならない。極端に走って断じるよりも、よほど厳しい道なのだ。

〇二四

【三昧】心を穏やかにして精神集中

「ぜいたく三昧《ざんまい》」や「ゴルフ三昧」など、ひとつのことに没頭することを「××三昧」という。もともとはサンスクリット語「サマーディ」の音訳で、精神をひとつの対象に集中して乱さない、いわゆる瞑想のことをいう。ほかに「定《じょう》」などと訳される。

瞑想は仏教以前からインドで行なわれてきた修行法であるが、仏教でも重視された。たとえば、「空《くう》」といったテーマについて、心を平静にして精神を集中し、心を観察する。お釈迦さまなどの仏の姿を思い起こして精神集中する方法もある。三昧を体験することにより、心が浄化され、教えの理解が深まるのだ。

三つの三昧

三三昧《さんざんまい》（三解《さんげ》脱門《だつもん》）

- **空三昧**　「あらゆる物事は関係性によって成り立っており、実体がない。つまり『空』である」ということを瞑想する
- **無相三昧**　「あらゆる物事は『空』であるから、それぞれに固有の特徴を求め、認識することはない」ということを瞑想する
- **無願三昧**　「あらゆる物事は『空』であるから、いかなる願望も欲望ももたず、執着しない」ということを瞑想する

〇二五

【大乗仏教・上座部仏教】大きな乗り物と小さな乗り物

お釈迦さま入滅後の紀元前三世紀頃、仏教は二つに分裂した（→三四頁）。その後、戒律を厳格に守ることを重んじる「上座部《じょうざぶ》仏教」と、お釈迦さまの教えを広く大衆に広めることを目指した「大乗《だいじょう》仏教」という二つの流れができた。

上座部仏教は、出家して修行を積むことを通してのみ悟りに達することができると説く。これではごく少数の限られた人しか救われないと批判した大乗仏教は、上座部仏教を「少人数しか乗れない」乗り物にたとえ、「小乗《しょうじょう》仏教」とも呼んだ。大乗はサンスクリット語の「マハーヤーナ」（大きい乗り物）の訳である。

大乗仏教は中央アジアからシルクロードを経て中国、朝鮮半島、そして日本に伝わった。また、別ルートでネパールを経由してチベット、モンゴルでも栄えることになる。「北伝《ほくでん》仏教」とも呼ばれる。誰でも悟りに至るチャンスがあると考え、その方法をめぐってさまざまな宗派ができ、弥勒《みろく》や阿弥陀《あみだ》などの諸仏や菩薩《ぼさつ》といったバラエティー豊かな神仏のパンテオンを生み出した。

一方、インドの古い仏教を色濃く残した上座部仏教はスリランカを経て東南アジア諸国に伝わった。「南伝《なんでん》仏教」とも呼ばれる。たとえば、タイは現在も敬虔な仏教国であり、成人男性は一定期間、必ず出家する伝統がある。一般の信者は僧侶や寺院に布施することによって功徳《くどく》を積む。

大乗仏教と上座部仏教

	上座部仏教	大乗仏教
別の呼び名	テーラワーダ仏教、 南伝仏教、 小乗仏教 （大乗仏教側からの蔑称）	北伝仏教
目指す方向	修行によって解脱し、 涅槃に至る	利他の行ないによって すべての衆生を救う
到達点	羅漢（→p.143）	菩薩（→p.154）
救われる対象	出家して修行した僧侶本人	出家・在家を問わず、 すべての人
僧侶以外は	僧侶への布施などにより 功徳を積む	如来や菩薩に祈る
信仰の対象	お釈迦さまのみ。菩薩といえば、お釈迦さまの修行時代のことを指す	お釈迦さまをはじめとする如来、菩薩、明王他、多数の尊格
経典	パーリ語原始仏典	サンスクリット語などの大乗仏典を翻訳したもの
戒律	お釈迦さまの時代に 定められた戒律を守る	宗派ごとにさまざまに解釈
教派	スリランカ大寺派のみ	多数
伝播	スリランカ、タイ、カンボジア、 ラオス、ミャンマーなど	中国、朝鮮半島、日本、 チベット、モンゴルなど

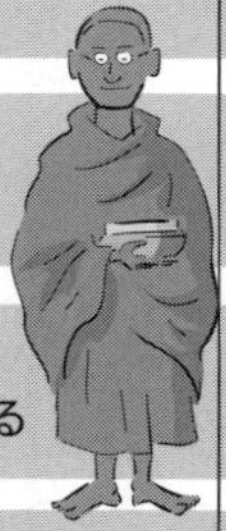

〇二六

【戒律】こんなことまで決められていた⁉

お釈迦さまの時代、僧侶が集団生活するようになると、各自の生活習慣や価値観の違いでさまざまな問題が起こるようになった。その都度お釈迦さまにどう対処したらよいのかを質問し、その答えが教団のルールとなっていった。これらを後に整理したものが戒律《かいりつ》である。

ところで「戒」と「律」は本来は別のものである。「戒」は「シーラ」の訳で、仏教徒として守るべき心がけ。「律」は「ヴィヤナ」の訳で、僧侶に対する教団の規律である。

大乗仏教は戒律に寛大で、上座部仏教は厳格だが、両者に共通で、一般の信者も守るべき最も基本的なルールが「五戒《ごかい》」（殺さない・盗まない・淫らなセックスをしない・嘘をつかない・酒を飲まない）である。上座部仏教ではこれに「着飾らない」「ぜいたくなベッドに寝ない」「決まった時間以外に食事をしない」を加えた「八斎戒《はっさいかい》」を守る。ただし、五戒を破っても罰はない。在家信者の努力目標であり、反省材料である。

出家した僧侶に対する「律」のほうは厳しい。比丘《びく》は二百五十、比丘尼《びくに》は三百四十八もの律が課せられ、破ると破門を含む罰則がある。

それにしても、律には衣食住の些細なことまでが定められている。特に異性関係のものは数が多く、いろいろな弟子を抱えたお釈迦さまの苦労がしのばれる。

僧侶が守るべき戒律のごく一部

卍 袈裟《けさ》をいったん他人に与えたにもかかわらず、後になって腹が立ったり、納得がいかなくなり、「あげたわけではない」と言って取り返したり、他人に取り返させたりした者は、過ちを告白し、袈裟を返さなければならない。

卍 階上で足がぐらぐらする椅子やベッドを用いて、階下の者に危害を及ぼした者は、過ちを告白し懺悔しなければならない。

卍 とくに許される場合を除いて、僧侶と尼僧が一緒に旅をしたら、その過ちを告白し懺悔しなければならない。許される場合とは、大勢で行く場合、危険な目にあう可能性がある場合である。

卍 親戚でない僧侶と尼僧が、同じ船に乗って川を上ったり下ったりしたら、過ちを告白し懺悔しなければならない。ただし、対岸に渡る場合を除く。

卍 親戚でない小僧に対し、個人的な行為で袈裟を与えた者は、過ちを告白し懺悔しなければならない。ただし、交換の場合を除く。

卍 サンガから依頼されたわけでもなく、尼僧を指導したり訓戒した僧侶は、過ちを告白し懺悔しなければならない。

卍 サンガから依頼された場合も、不適切な時間帯に尼僧を指導したり訓戒した僧侶は、過ちを告白し懺悔しなければならない。

卍「あの尼僧はいかがわしい目的で訓戒を受けている」と言いふらした僧侶は、過ちを告白し懺悔しなければならない。

卍 食べ物の施しを受けるとき、もっと多くもらおうとして、覆い隠さない。
卍 自分より多く、あるいはいいものをもらった者をうらやましがらない。
卍 自分の器の施食に気持ちを集中すべきである。
卍 食べながら、他人の器をのぞき込まない。
卍 一粒もこぼすことのないよう、器をしっかりもつべきである。
卍 一滴もこぼすことのないよう、器をしっかりもつべきである。
卍 食べ物を口に入れたまましゃべらない。
卍 音を立てて食べない。
卍 すぐ落ちそうな場所に器を置かない。

お釈迦さまの時代に定められていた戒律パーティモッカ（波羅提木叉）より

〇二七

【顕教・密教】「明らかな教え」と「秘密の教え」

大乗仏教がインドに定着していく中で、インドの伝統的なバラモン教がジャイナ教や仏教の影響を受けて、ヒンドゥー教が成立した。

仏教もヒンドゥー教の影響を受け、五世紀頃から神秘主義的な呪術の儀礼などを取り入れていった。これが秘密の教え「密教《みっきょう》」である。大乗仏教と比して「金剛乗《こんごうじょう》」（ダイヤモンドの乗り物）とも称する。

一方、従来からの仏教は、神秘主義によらず文字に書かれた教えを広く伝えていく。この明らかにされた教えは「顕教《けんぎょう》」と呼ばれる。

護摩《ごま》（ホーマ）を焚《た》き、真言《しんごん》（マントラ）を唱え、曼荼羅《まんだら》（マンダラ）を描く――こうした儀式によって病気を癒《いや》すなどの現世利益をうたい、大衆の人気を呼んだ。

密教的な要素は大乗仏教の教えの中に組み込まれ、新たな仏教の体系として成長していった。性欲などの煩悩を抑えつけるのではなく、ありのままにとらえて利用しようという教えもあり、後に曲解されて「あやしげな宗教」視されるもととともなった。

こうして密教化したインドの仏教は、七世紀後半をピークにヒンドゥー教に飲み込まれていった。密教は中国を経由して日本にも伝わり、真言宗や天台宗を生んだ。また、最も発展した形の後期の密教はチベットに伝わり、再び花開くことになる。

密教経典が説く「十七の清らかな欲望」

『理趣経』の「十七清浄句」より

1	妙適《びょうてき》	男女交合妙なる喜び
2	欲箭《よくせん》	欲望が矢の飛ぶように速く起こること
3	触《しょく》	男女が触れ合うこと
4	愛縛《あいはく》	男女が離れがたく抱き合うこと
5	一切自在主《いっせいしさいしゅ》	交合により満足し、全能感を抱くこと
6	見《けん》	性的欲望を抱いて見ること
7	適悦《てきえつ》	交合により喜びを感じること
8	愛《あい》	男女が離れがたく愛が生じること
9	慢《まん》	全能感により満足すること
10	荘厳《そうげん》	飾りたてること
11	意滋沢《いしたく》	思うにまかせて心が潤うこと
12	光明《こうべい》	満ち足りて心が輝くこと
13	身楽《しんらく》	身体が楽になること
14	色《しょく》	形を見ること
15	声《せい》	音声を聞くこと
16	香《きょう》	香りをかぐこと
17	味《び》	味わうこと

▲チベットの父母仏
（交合仏）

すべては清浄であり、菩薩の境地である

卍重要な密教経典のひとつ『理趣経』で、大日如来が菩薩たちに説いたとされる十七の感性的な喜び。

卍どんな欲望も本来は清浄なものであり、清らかな菩薩の心であると説く。

卍自他を分け隔てることで生まれる自分だけのための欲望（小欲）を、広く衆生を救おうという絶対的な欲望（大欲）に変えることにより、悟りに達することができる。

【あの世】「死後の世界」はどうなっている？

〇二八

死んだらどうなるの？——誰もが一度は悩んだことがあるだろう。

仏教が生まれた頃、インドには「輪廻《りんね》」（↓六八頁）の考え方が根づいていた。死んだら、また何かに生まれ変わってこの世に戻ってくる。仏教も基本的にはこの考え方を受け継いだ。

人が死ぬと、まず「中陰《ちゅういん》」と呼ばれる状態に入る。ここで生前の行ないによって、次にどんな世界に生まれ変わるかが決まる。人間に生まれ変わるとは限らない。天道から地獄道まで六つの世界に振り分ける裁判官が、かの有名な閻魔《えんま》大王だ。

中陰は四十九日間とされ、日本では「冥土《めいど》」と呼ばれる。「三途《さんず》の川」を渡った後、着物の重さによって生前の罪が秤にかけられる——といったストーリーは日本独自のものだ。

何に生まれるにせよ、仏教では「この世」は苦界と考える。何度も生まれ変わって少しずつ良い行ないを積み重ね、いずれは輪廻から抜け出す、つまり「解脱《げだつ》」するのが理想だ。

さて、お釈迦さま自身はどう考えていたのか。「死んだらどうなる？」「世界に果てはあるの？」といった質問をするマールンクヤという弟子に対してこう答えた——「毒矢が刺さったら、あれこれ考える前に、まず矢を抜かねばならない」。つまり、答えが得られないことで思い悩まずに、この世で今できることを考えよ、というわけだ。

「死後の世界」はどうなっている？

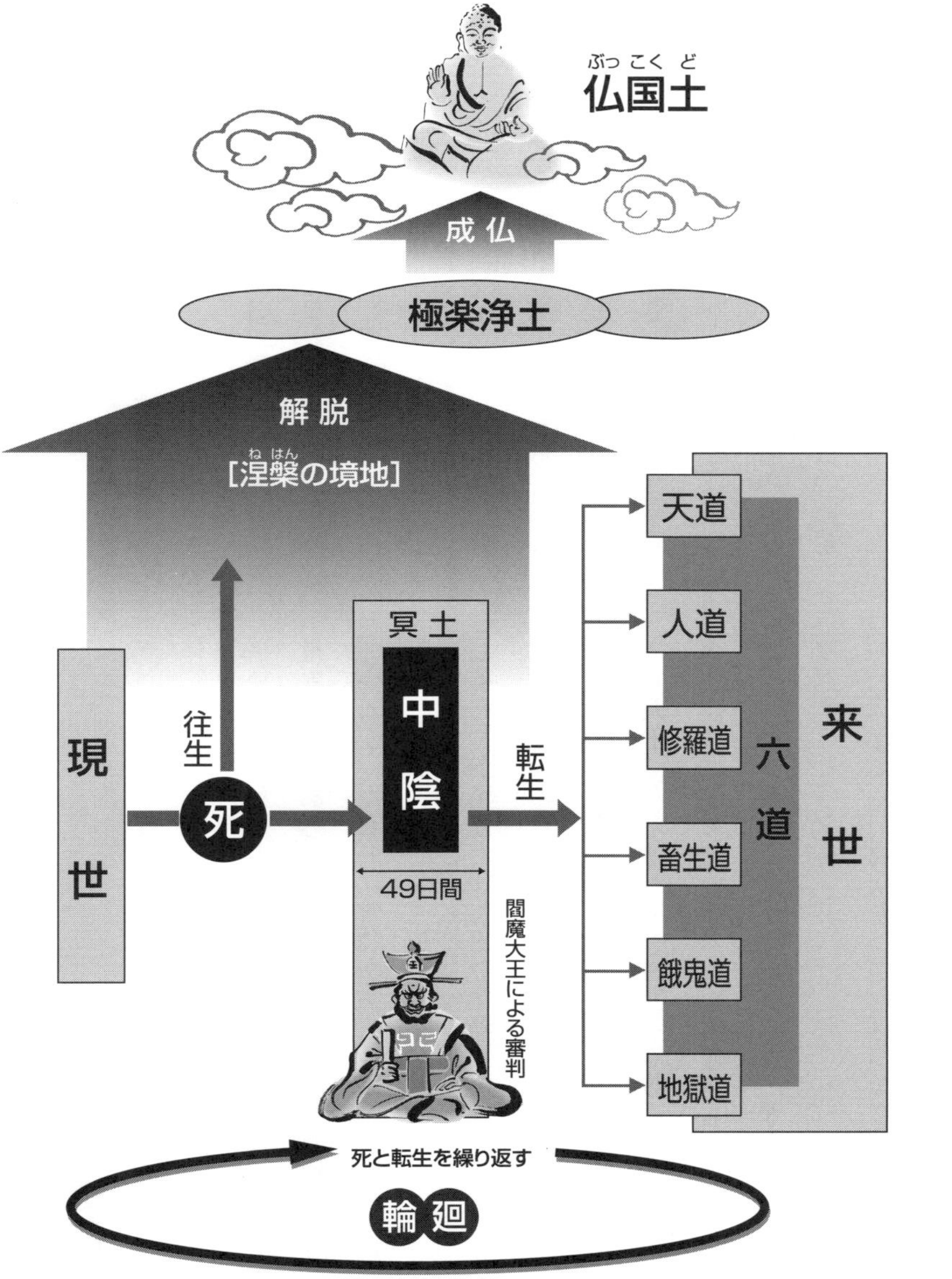

【輪廻】次は何に生まれ変わる？

〇二九

この世に生を享けた私たちは、悟りの境地に至らない限り、何度も何度も生まれ変わりながら六つの世界をぐるぐると巡っている。

最も辛いのが地獄道だ。罪深い者たちが八つの地獄で絶え間ない責め苦を受ける（↓七〇頁）。餓《が》鬼《き》道は、欲望の強すぎる者が生まれ変わる、飢えと渇きに支配された世界。とどまることなく欲望が湧き起こるのに決して満たされないという責め苦を受ける。

人間以外の動物の世界が畜生道《ちくしょう》。常に命の危険にさらされ、生きていくのが精一杯で、仏の言葉に耳を傾けることもできない。

修羅《しゅら》道では嫉妬に燃えた阿修羅《あしゅら》たちが、天道の神々を相手にむなしい戦いを続けている。修羅の世界には、あらゆる望みをかなえる如意樹《にょいじゅ》が生えているが、たわわに宝珠《ほうじゅ》が実る枝は神々の世界に茂り、修羅の世界には根と幹しかない。

私たちが住むのは人間の世界、人道だ。苦しみに満ちているとはいえ、仏の教えを受けるチャンスに恵まれた唯一の世界である。

四天王に守られた神々の世界である天道は、幸福と快楽に満ちている。人の何万倍も長生きできるが、いつかは寿命がやってきて、また輪廻を繰り返すことになる。

よい行ないを積み重ねて輪廻の繰り返しを抜け出さない限り、苦しみは続くのだ。

あなたの来世は……？

天道
神々の世界。快楽に満ち、
長生きできるが、いつかは
寿命が尽き、輪廻を繰り返す
輪廻の世界から
抜け出すのが
「解脱」
人道
私たちが住む世界（娑婆《しゃば》）。
唯一、仏の教えを受けて
輪廻から抜け出すチャンスを
手にしている
修羅道
嫉妬に満ち、
戦いに明け暮れる
六道輪廻
餓鬼道
飢えと渇きが支配する世界。
欲望だけがあり、決して満た
されない。食べることがで
きても、糞尿や自分の脳み
そだったり、食べた瞬間に燃
え出したりする
畜生道
弱肉強食の動物の世界。
生きていくのが精一杯
地獄道
悪行を重ねた者が責め苦を受ける。
憎しみに満ちた世界

※写真はチベットの六道輪廻図

【地獄】「地獄に堕ちる」とはどういうことか

〇三〇

八つの地獄が待っている

等活《とうかつ》地獄	殺生を行なった罰として、死ぬまでケンカを続ける。勝っても鬼に殺され、殺される苦しみを味わう
黒縄《こくじょう》地獄	盗みを行なった罰として、体を切り刻まれ、釜ゆでにされる
衆合《しゅうごう》地獄	邪淫の罪の罰として、刃のような葉で切り刻まれ、鉄の山に押しつぶされる
叫喚《きょうかん》地獄	飲酒の罰として、溶けた銅を口に流し込まれる
大叫喚地獄	嘘をついた罰に舌を引き抜かれる
焦熱《しょうねつ》地獄	灼熱の業火で焼かれる
大焦熱地獄	あらゆる地獄の恐怖を見せられた上で、業火で焼かれる
阿鼻《あび》地獄	他の地獄と違い、一瞬も休まず絶え間なく責め苦を受ける〝無間地獄〟。大焦熱地獄の千倍の苦痛

地獄は最上階にある等活《とうかつ》地獄から最下層の阿鼻《あび》地獄まで大きく八つの層に分けられており、下に行くほど収容人数が大きく、苦痛も大きくなる。

それぞれの地獄では生前の罪に応じたさまざまな責め苦を受け、死んでも死んでも生き返らされて苦痛は続く。最もマシな（?）等活地獄でも、その刑期は人間の時間で一兆六千億年以上。下層へ行くほど刑期は長くなる。

平安時代の僧侶である源信《げんしん》が記した『往生要《おうじょうよう》集《しゅう》』にはこうした地獄の生々しい様子が、これでもかというほど詳細に紹介されている。こんな目にあいたくなければ、熱心に念仏を唱えて、阿弥《あみ》陀仏《だぶつ》の極楽浄土《ごくらくじょうど》に生まれようというわけだ。

〇三一

【極楽浄土】輪廻を抜け出した清らかな世界

浄土というのは仏さまがつくった、一切苦しみのない清らかな世界。苦しみを生み出す煩悩から脱した者だけが入るのを許される。六道《りくどう》の天道とよく間違われるが、浄土はあくまで輪廻の外側にあり、もう苦しみに満ちた輪廻の世界に戻っていくことはない。

浄土は仏さまの数だけあり、日本では西方にあるとされる阿弥陀仏の西方極楽浄土《ごくらくじょうど》が有名だ。このほか、薬師如来《やくしにょらい》の東方浄瑠璃《とうほうじょうるり》世界、阿閦仏《あしゅくぶつ》の東方妙喜《みょうき》国、毘盧遮那仏《びるしゃなぶつ》の蓮華蔵《れんげぞう》世界、お釈迦さまの無勝荘厳《むしょうしょうごん》国などが有名どころ。仏ではなく菩薩《ぼさつ》（→一五四頁）クラスでは、観音《かんのん》菩薩の住む補陀落山《ふだらくせん》、弥勒《みろく》菩薩の兜率天《とそつてん》も信仰を集めている。

【業】「いいカルマ」「悪いカルマ」とは?

〇三二

占いなどで「カルマ」という言葉を聞いたことがあるだろう。漢字では「業《ごう》」と書き、「業の深い女」などという使い方をする。「カルマン」ともいう。

「業」とはもともと「造作」の意味で、人間の行為一般、そして、その行為が引き起こす影響を指す。私たちが何か行動を起こしたり、言葉を発したりすると、何らかの結果が生じる。その結果はそこで終わりではなく、水面に石を落としたときに波紋が広がるように、次から次へとその後の状態に影響していく。

業という考え方は仏教以前からインドにあり、輪廻転生《りんねてんしょう》(→六八頁)と深く結びついている。来世に何に生まれ変わるのかは、今の人生の行ないだけで決まるのではない。無限の過去生からの業が大河のような勢いで私たちを突き動かしており、よほど頑張らなければ、その勢いに流されてしまうのだ。いわば「運命」のようなものかもしれない。

業は三種類に区分され、「身業《しんごう》」(身体のはたらき)、「口業《くごう》」(言葉のはたらき)、「意業《いごう》」(心のはたらき)を「三業」と呼ぶ。

弘法大師の霊場を巡るお遍路《へんろ》さんには、守るべき「十善戒」があるが、これは良くない業のなす「十不善業道」の裏返しである「十善業道」から来ている。

十善戒

悪いカルマを作り出さないための

身(体)のはたらきについての戒め

一、不殺生《ふせっしょう》　むやみに生き物を傷つけない

二、不偸盗《ふちゅうとう》　盗みをしない

三、不邪淫《ふじゃいん》　よこしまな男女関係を慎む

口(言葉)のはたらきについての戒め

四、不妄語《ふもうご》　嘘をつかない

五、不綺語《ふきご》　飾り立てた言葉、人におもねった言葉を使わない

六、不悪口《ふあっこう》　乱暴な言葉を使わない

七、不両舌《ふりょうぜつ》　陰口をたたくなど、人の仲を裂くようなことを言わない

意(心)のはたらきについての戒め

八、不慳貪《ふけんどん》　欲深く、物事に執着しない

九、不瞋恚《ふしんに》　憎んだり、腹を立てたりしない

十、不邪見《ふじゃけん》　誤った考え方、ものの見方をしない

コラム 2

「生まれ変わり」を信じると、人はやさしくなれる?

輪廻転生を本気で信じている日本人はどれくらいいるだろう。

ときどき占いのネタに使われる程度のもので、真剣に受け止められているとは思えない。「地獄に堕ちるぞ」と言われても、死んだ後のことなどまるで実感が湧かない。

しかし、筆者が個人的に知るチベット人たちは、理屈や比喩としてでなく心底、信じているように見える。

たとえば彼らは、むやみに生き物を傷つけることはできない。犬を見ても虫を見ても「遠い前世では自分のお母さんだったかもしれない」という思いがごく自然に湧いてくるという。犬をいじめたりしたら「いつか犬に生まれ変わったとき、同じめにあうだろう」と考える。

逆に自分をひどいめにあわせている相手に対しても「いつか親子に生まれ変わるかもしれないのに……」と、怒りよりも哀れみの気持ちがわいてくる。

無限の過去から無限の未来に、魂は一筋につながっている——そう考えると、そう悪いこともできないはずだ。

お釈迦さま自身は輪廻転生があるともないとも言っていないようだ。ただ、輪廻を信じていたほうが、立ち居振る舞いが仏教徒としてふさわしいものになることは間違いない。

第三章

メイド・イン・ジャパンの仏教

「うちは何宗?」がわかる

〇三三

【世界宗教】シルクロードから東南アジアまで拡大

二〇〇一年、アフガニスタンのバーミヤンの巨大石仏がイスラム教武装勢力によって爆破されたというニュースが世界中の仏教徒を悲しませた。

しかし、仏教に疎い日本人の中には「なぜアフガニスタンに仏像があるの？」と疑問に思った人が多かったはずだ。

インドに生まれた仏教のうち北に伝わった北伝仏教は、現在のパキスタン北部やアフガニスタン、中央アジアにあたる地域でまず花開いた。バーミヤンや、仏教芸術で有名なガンダーラもここにある。アレキサンダー大王の遠征でもたらされたヘレニズム文化の影響を受け、ギリシャ風の仏像がつくられたりもした。

その後、仏教はパミール高原を越え、シルクロードに沿って東に伝わる。敦煌《とんこう》にある世界遺産・莫高窟《ばっこうくつ》は巨大な石窟《せっくつ》寺院であり、多くの言語で書かれた大量の仏典が発見されている。そして、中国に伝わって独自の発展をし、朝鮮半島を経て、六世紀頃には日本に伝わった。

一方、南に伝わった南伝仏教は、主にスリランカを経てインドシナ半島などの東南アジア諸国に海路で伝わった。カンボジアのアンコール・ワット、インドネシアのボロブドゥールといった巨大な仏教遺跡から、かつての隆盛がしのばれる。

故郷インドではほとんど姿を消したものの、仏教はアジア全域で今も人々の心を支えているのだ。

仏教の伝来

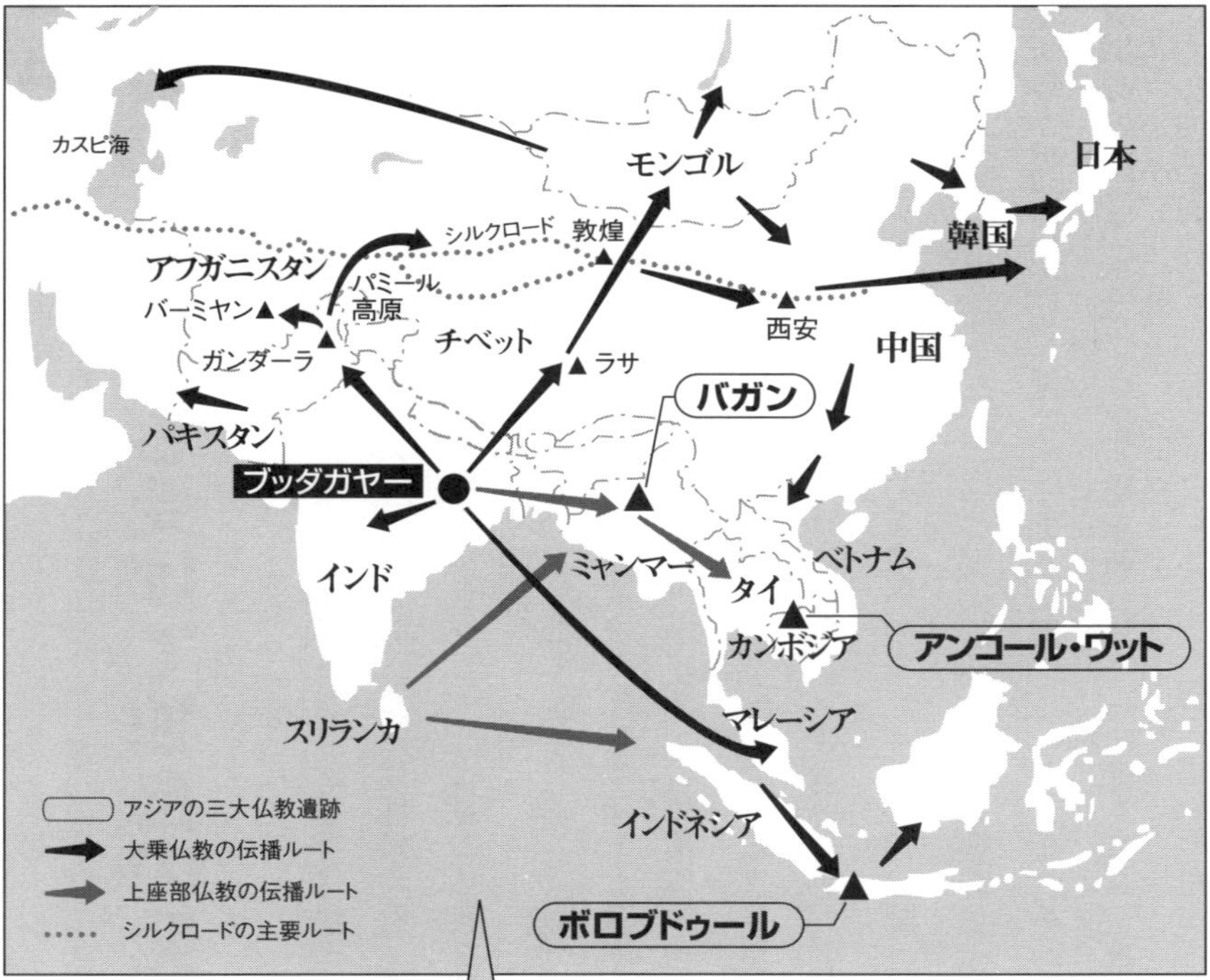

アジアの三大仏教遺跡

卍 アンコール・ワット（カンボジア）	12世紀前半にヒンドゥー教寺院として建てられたが、後に仏教寺院ともなる。南北1,300m×東西1,500m。須弥山をモチーフにした構成となっている
卍 ボロブドゥール（インドネシア・ジャワ島）	8世紀に建立が始まった、須弥山がモチーフとされる仏教寺院群。中央の仏塔に仏舎利が納められている
卍 バガン（ミャンマー）	11世紀、ミャンマー（ビルマ）最初の統一王朝の都。仏塔、寺院など2,800以上の建造物がある

〇三四

【中国仏教】
道教、儒教の影響も受けて独自の発展

中国には紀元前後には西域を通して仏教の経典がもたらされたとされている。中国における仏教の歴史は、仏典の漢訳から始まった。今のイランにあったパルティヤ（安息国）の王子・安世高《あんせいこう》が一四八年に洛陽に渡り、上座部経典を翻訳したとされている。その後も西域出身の僧を中心に、主な経典の漢訳が進められていった。

中国仏教の基礎固めをしたのは四世紀の道安である。経典目録を整備し、戒律を重んじて僧侶の生活規範を細かく定めた。

四世紀末から五世紀にかけては、インド人を父にもつ西域出身のクマーラジーヴァ（鳩摩羅什《くまらじゅう》）が長安で漢訳に活躍した。

有名な玄奘《げんじょう》（→一二八頁）は七世紀の唐の時代に西域を経てインドに向かった。仏教を学んだ後、大量の仏典を持ち帰り漢訳に励んだ。

多くの経典が順不同に翻訳されて流入したため、お互いに矛盾のないよう一定の規則で体系づける「教相判釈《きょうそうはんじゃく》」という動きが大きな役割を果たした。これにより重要視する経典ごとに、天台宗《てんだいしゅう》、華厳《けごん》宗《しゅう》、浄土宗《じょうどしゅう》といった宗派が成立していった。

唐代以降は経典の翻訳が一段落し、宋代には漢訳仏典の集大成である大蔵経《だいぞうきょう》（一切経《いっさいきょう》）が編さんされた。その後、儒教や道教といった思想との融合も進み、禅宗を中心に独自の中国仏教を形成していった。

中国仏教の主な展開

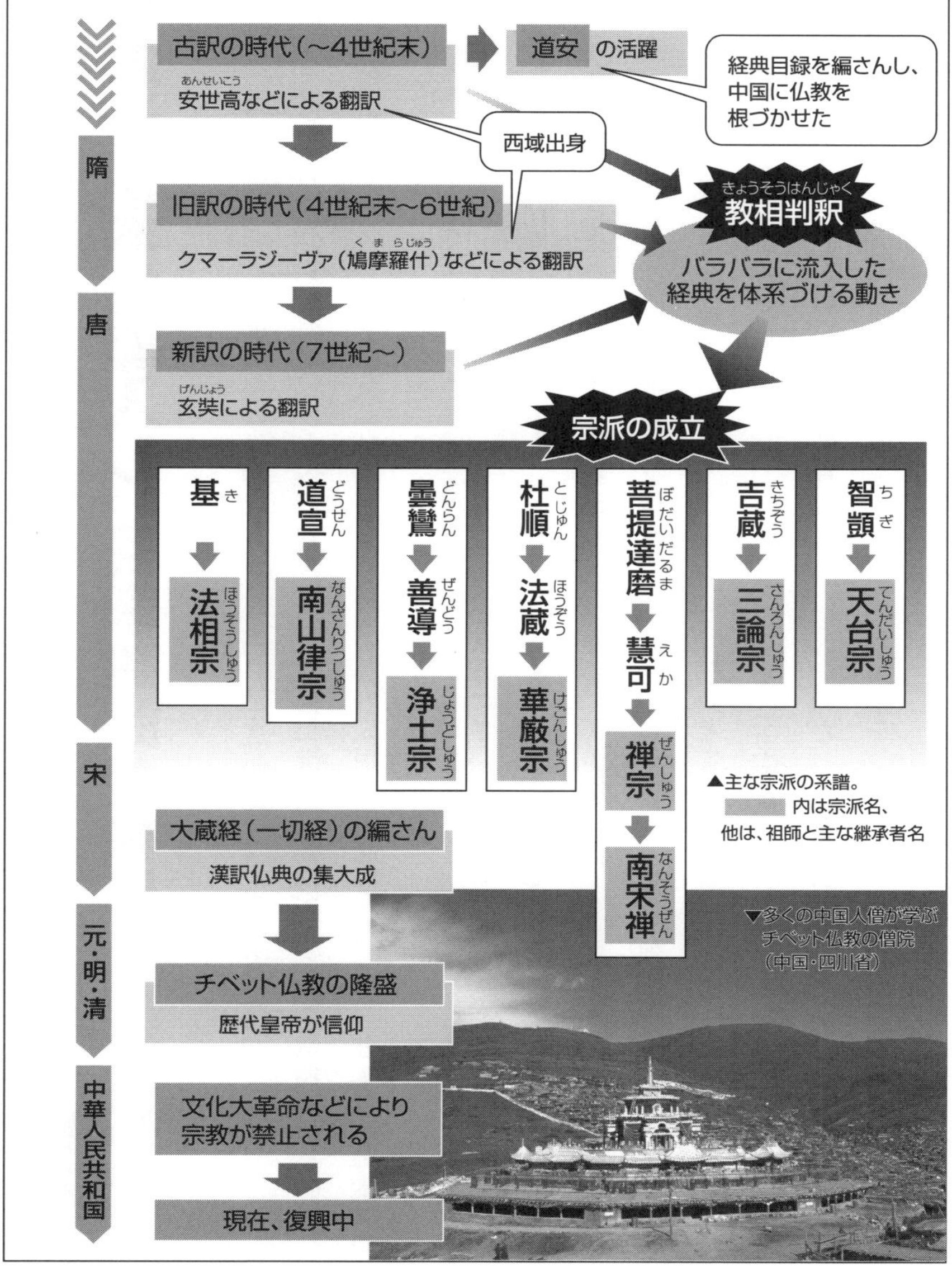
隋
唐
宋
元・明・清
中華人民共和国
古訳の時代（〜4世紀末）
安世高《あんせいこう》などによる翻訳
道安の活躍
経典目録を編さんし、中国に仏教を根づかせた
西域出身
旧訳の時代（4世紀末〜6世紀）
クマーラジーヴァ（鳩摩羅什《くまらじゅう》）などによる翻訳
新訳の時代（7世紀〜）
玄奘《げんじょう》による翻訳
教相判釈《きょうそうはんじゃく》
バラバラに流入した経典を体系づける動き
宗派の成立
基《き》→法相宗《ほうそうしゅう》
道宣《どうせん》→南山律宗《なんざんりつしゅう》
曇鸞《どんらん》→善導《ぜんどう》→浄土宗《じょうどしゅう》
杜順《とじゅん》→法蔵《ほうぞう》→華厳宗《けごんしゅう》
菩提達磨《ぼだいだるま》→慧可《えか》→禅宗《ぜんしゅう》→南宋禅《なんそうぜん》
吉蔵《きちぞう》→三論宗《さんろんしゅう》
智顗《ちぎ》→天台宗《てんだいしゅう》
▲主な宗派の系譜。
内は宗派名、
他は、祖師と主な継承者名
大蔵経（一切経）の編さん
漢訳仏典の集大成
チベット仏教の隆盛
歴代皇帝が信仰
文化大革命などにより宗教が禁止される
現在、復興中
▼多くの中国人僧が学ぶチベット仏教の僧院（中国・四川省）

【日本伝来】聖徳太子が本格導入し、国家建設の柱に

○三五

五三八年、百済《くだら》の聖明王《せいめいおう》が欽明《きんめい》天皇に遣わせた使節が仏像や経典などを伝えたのが、日本への公式な仏教の伝来（公伝《こうでん》）の始まりとされている。それ以前にも民間レベルでの交流を通じて、仏教は知られてはいたはずだ。

異国の宗教を受け入れるべきか否か――もともと政治上の覇権争いをしていた物部《もののべ》氏と蘇我《そが》氏は仏教をめぐっても対立した。蘇我氏は仏教を積極的に受け入れたのに対し、物部氏は日本固有の「国神」の怒りをかうとして批判した。

物部氏は、疫病が流行したのを仏像を礼拝したためだとして、欽明天皇に訴え出て、仏像を破棄させ、寺を燃やした。しかし、次の用明《ようめい》天皇は自ら仏教を信仰することを表明する。

六世紀後半、蘇我氏が実権を掌握。飛鳥《あすか》の地に一族の先祖を弔う氏寺《うじでら》として、日本最初の本格的寺院である法興寺《ほうこう》（後の飛鳥寺）を建立した。ご本尊の飛鳥大仏は日本最初のお釈迦さまの仏像である。その後、各地の豪族が氏寺を建てるようになる。百済から僧侶とともに寺院建築の技術者も迎えられ、仏教隆盛の下地が整った。

摂政となった聖徳太子は「十七条憲法」の中で「篤《あつ》く三宝《さんぽう》を敬うべし。三宝とは仏・法・僧なり」と定めた。氏族社会の寄せ集めの状態から中央集権国家をつくるため、仏教を国づくりの柱に据えたのである。

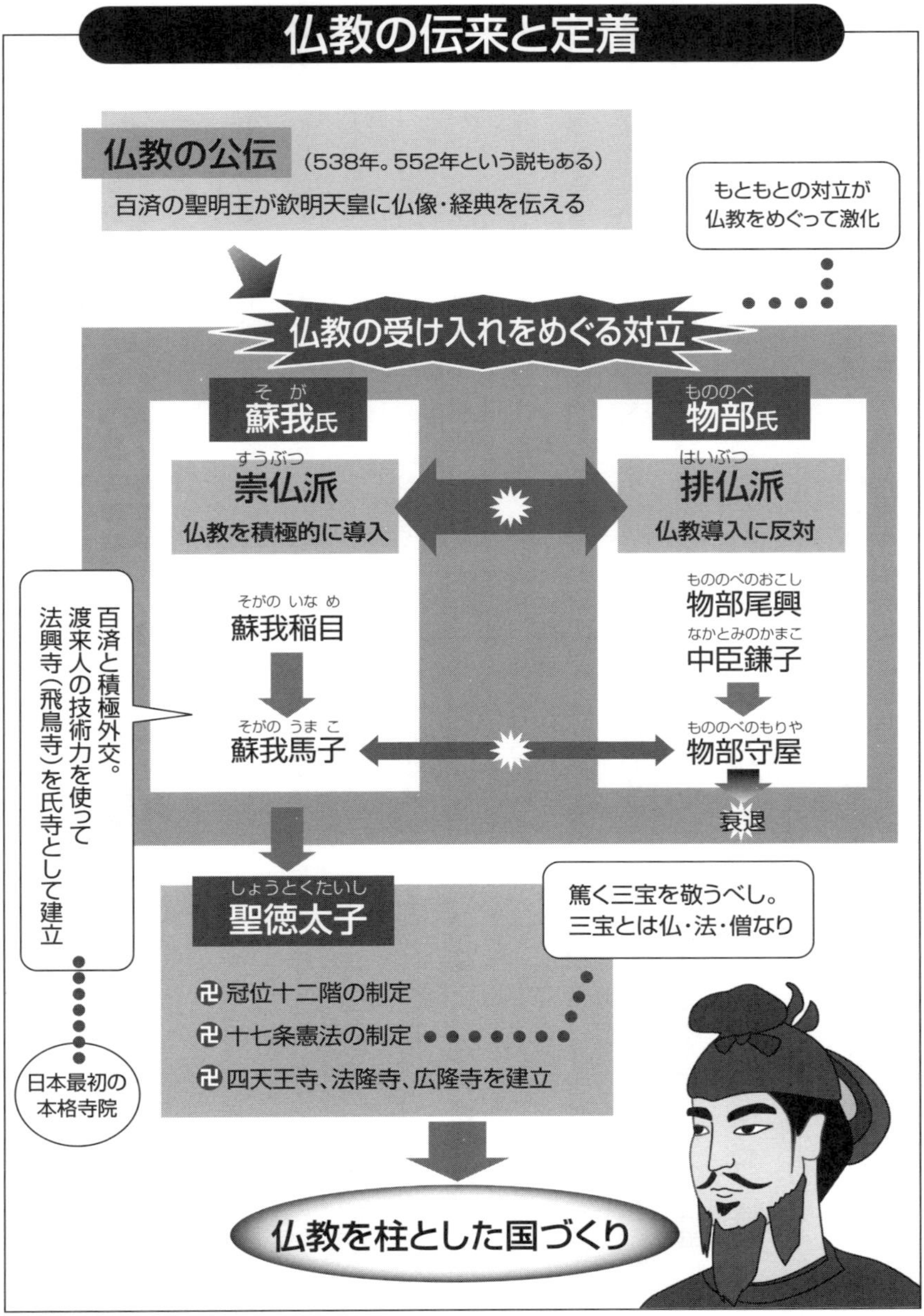
仏教の伝来と定着
仏教の公伝（538年。552年という説もある）
百済の聖明王が欽明天皇に仏像・経典を伝える
もともとの対立が
仏教をめぐって激化
仏教の受け入れをめぐる対立
蘇我《そが》氏
崇仏派《すうぶつ》
仏教を積極的に導入
物部《もののべ》氏
排仏派《はいぶつ》
仏教導入に反対
蘇我稲目《そがのいなめ》
蘇我馬子《そがのうまこ》
物部尾輿《もののべのおこし》
中臣鎌子《なかとみのかまこ》
物部守屋《もののべのもりや》
衰退
百済と積極外交。
渡来人の技術力を使って
法興寺（飛鳥寺）を氏寺として建立
日本最初の
本格寺院
聖徳太子《しょうとくたいし》
卍 冠位十二階の制定
卍 十七条憲法の制定
卍 四天王寺、法隆寺、広隆寺を建立
篤く三宝を敬うべし。
三宝とは仏・法・僧なり
仏教を柱とした国づくり

【南都六宗】東大寺は何のために建てられたのか

○三六

奈良時代、聖武《しょうむ》天皇は各地の豪族を管理するために全国に国分寺・国分尼寺を建て、これらを統括する東大寺を建立した。

この頃、国家の庇護のもと、奈良の大寺院に「南都六宗」と呼ばれる学派ができた。中国の宗派がそのまま伝えられたものだが、宗派というよりも大学の講座のようなものである。また、当時からそう呼ばれていたわけではなく、後の平安京でできた天台宗・真言宗に対しての呼び名である。

南都六宗のうち法相宗《ほっそうしゅう》は、インドで学んだ玄奘（→一一八頁）が中国にもたらした教えをもとにしている。日本に伝えたのは遣唐使として長安に赴き、玄奘に直接師事した道昭《どうしょう》である。現在は薬師寺と興福《こうふく》寺が大本山となっている。

律宗《りっしゅう》は文字通り戒律を柱とする。日本に伝えたのは鑑真《がんじん》（→一三二頁）である。当時の日本にはまだ正式に戒律を授ける僧侶がおらず、要請に応じて日本に向かった僧侶のひとりが鑑真だった。五度に及ぶ失敗の末、視力を失いながらも来日し、東大寺の戒壇院（戒律を授ける施設）で聖武天皇をはじめとする四百人以上に戒律を授けた。

華厳宗《けごんしゅう》は『華厳経』の教えを重んじる流派。日本に伝えたのは、唐で学んだ新羅の僧・審祥《しんしょう》である。日本人としての祖師は、審祥が来日した折に教えを受けた良弁《りょうべん》。毘盧遮那《びるしゃな》仏を本尊とし、総本山の東大寺に毘盧遮那仏の大仏が造営された。

平城京で栄えた南都六宗

宗派というより、大学の講座や学派のようなもの。
僧侶らは複数の学派を学んだ。

三論宗《さんろんしゅう》

吉蔵《きちぞう》が開き、弟子の慧灌《えかん》（高句麗僧）が日本に伝えた。
『中論』『百論』『十二門論』を根本聖典とする。
弟子の智蔵《ちぞう》（法隆寺）、道慈《どうじ》（大安寺）も活躍。

成実宗《じょうじつしゅう》

独立した宗派ではなく、三論宗に付随する宗派（寓宗《ぐうしゅう》）。
『成実論』を根本聖典とする。

法相宗《ほっそうしゅう》

玄奘とその弟子・基《き》を祖師とする。
『成唯識論《じょうゆいしきろん》』を根本聖典とする。
唐で玄奘に師事した道昭《どうしょう》が日本に伝えた。
その後、智通《ちつう》と智達《ちたつ》も玄奘に学ぶ。薬師寺と興福《こうふく》寺が中心。

倶舎宗《くしゃしゅう》

法相宗に付随して伝えられた寓宗。
『倶舎論《くしゃろん》』を根本聖典とする。

律宗《りっしゅう》

戒律を説いた『四分律《しぶんりつ》』を根本聖典とする。
鑑真は律宗を日本に伝え、東大寺に戒壇を設けて、
聖武天皇などに戒律を授けた。
唐招提寺《とうしょうだいじ》を建立し、薬師寺、観音寺にも戒壇を設けた。

華厳宗《けごんしゅう》

『華厳経』を根本聖典とする。
法蔵に師事した新羅の審祥《しんしょう》が伝えた。
毘盧遮那仏を本尊とし、総本山の東大寺に大仏を建立した。

〇三七

【神と仏】神社の隣りになぜお寺？

神社には神道の神さまが祠られ、寺院には仏教の仏や菩薩が祠られる――理屈からいえば、そうなる。しかし、実際にはお寺と神社が同じ敷地にあったりもする。本来は別々の宗教のはずだが、なぜだろう。

聖徳太子以降、国家プロジェクトとして各地に国分寺・国分尼寺が建てられ、中央集権国家ができあがっていく過程で、日本固有の神々は仏法を守る役割を担うと見なされるようになった。古来からある神々を排除するのではなく、うまく折り合いをつけようとしたのである。

平安時代になると、神と仏の関係は「本地垂迹《ほんじすいじゃく》」という考え方で表わされるようになる。神道の神さまたちは、仏や菩薩（本地）が私たちを救うために仮に神さまの姿をとって現れている（垂迹）のだと見なす。こうした神さまを「権現《ごんげん》」と呼ぶ。たとえば、天照大神《あまてらすおおみかみ》は大日如来や観音菩薩の権現、八幡《はちまん》さまは阿弥陀如来の権現、大国主《おおくにぬし》は大黒天の権現と見なされている。

こうして仏や菩薩が神社にも祠られるようになったのだ（神仏習合）。

明治時代には神道を国教とするため、神社と寺院を切り離す「神仏分離」が行なわれ、仏教を排斥する動きも起こった。しかし今なお私たちは神さまと仏さまが隣りに祠られているのをごく自然なこととして受け入れている。

仏教と神道、どこが違う？

	仏教	神道
誰が始めた？	ゴウタマ・シッダールタ（お釈迦さま）	誰かが始めたわけではない
いつ始まった？	紀元前５世紀頃	日本民族発祥の時
どこで始まった？	インド	日本
信者は誰？	世界中の仏教徒	日本人
経典は？	お釈迦さまの言葉をまとめた経典など	ない。『古事記』『日本書紀』に神々の系譜が記されている
教義は？	諸行無常、諸法無我 一切皆苦、涅槃寂静など	特にない。 自然、祖霊を崇める
祈りの対象は？	如来、菩薩、天など	八百万《やおよろず》の神々
祈りの場所は？	寺院（瓦屋根） 仏壇	神社（高床式） 神棚
シンボルは？	卍、仏像、法輪など	鳥居、注連縄《しめなわ》
祈りの方法は？	合掌、念仏、お題目	礼と柏手《かしわで》（二礼二拍手一礼）
担当分野	葬儀、法会	結婚式、お祓い、地鎮祭
職業人	僧侶、尼僧	神主、巫女

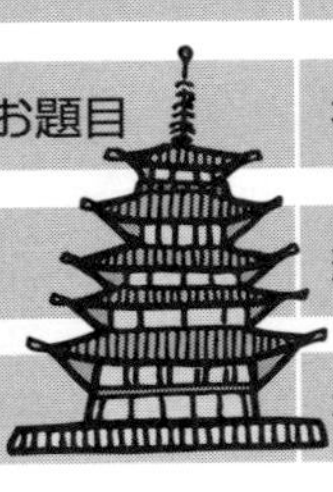

【宗派】チャート・日本仏教の業界見取り図

〇三八

奈良時代の南都六宗は貴族の間の学問仏教だった。しかし、後に菩薩《ぼさつ》とも称された行基《ぎょうき》は民衆への布教を行ない、福祉事業にも力を入れた。

平安時代には、遣唐使として唐に渡った最澄《さいちょう》と空海《くうかい》が帰国し、主に本場の密教の教えを伝えた。最澄は八〇六年、比叡山延暦寺《ひえいざんえんりゃくじ》を根拠地に天台《てんだい》宗を開き、空海は八一六年、高野山金剛峯寺《こうやさんこんごうぶじ》で真言《しんごん》宗を開いた。

平安末期には天変地異や飢饉、疫病が頻発。お釈迦さまが入滅して二千年たつと世の終わりが近づくという「末法《まっぽう》思想」が流行した。そんな中、念仏を唱えれば極楽浄土へ行けるという「浄土信仰」が盛んになった。

現在の日本仏教の主だった宗派は、平安末期から鎌倉時代にかけての波乱の時代に成立した。

まず法然（→一一六頁）は、ただ「南無阿弥陀《なむあみだ》仏《ぶつ》」と唱えるだけで極楽往生できるという教えを掲げて「浄土宗」を開く。シンプルさゆえか、民衆の間に急速に広まった。弟子の親鸞《しんらん》（→一一八頁）は「浄土真宗」を興す。

日蓮《にちれん》（→一二二頁）は『法華教《ほけきょう》』を最高の経典と見なし、「南無妙法蓮華経《なむみょうほうれんげきょう》」を唱えることによって現世での救済を強調した。

これら大衆路線に対し、座禅による修行を重んじたのが「禅宗」だ。栄西《えいさい》は臨済《りんざい》宗を開き、道元（→一二〇頁）は永平寺で「曹洞《そうとう》宗」を興した。

日本仏教の系譜

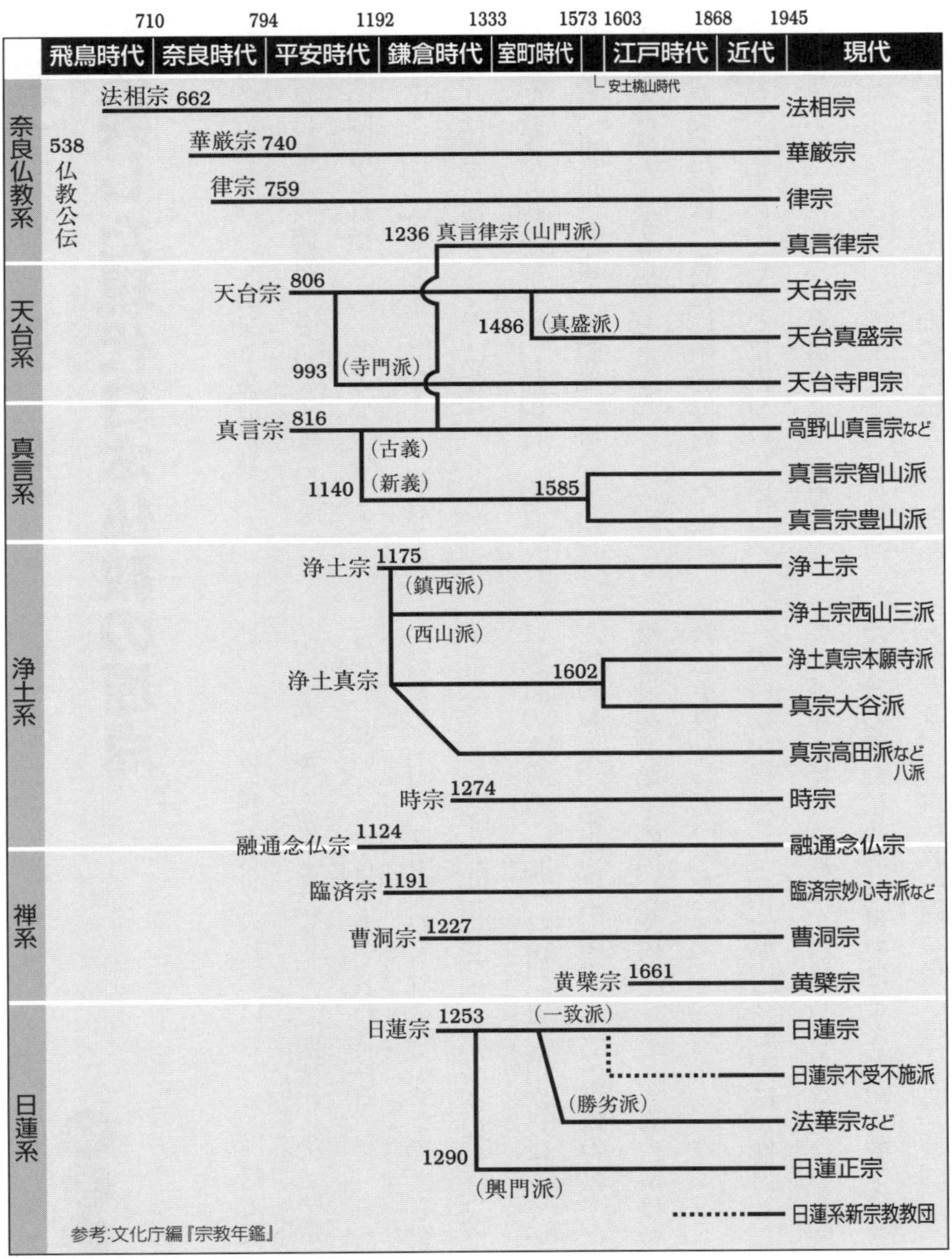
710
794
1192
1333
1573
1603
1868
1945
飛鳥時代
奈良時代
平安時代
鎌倉時代
室町時代
江戸時代
近代
現代
安土桃山時代
奈良仏教系
538 仏教公伝
法相宗 662
法相宗
華厳宗 740
華厳宗
律宗 759
律宗
1236 真言律宗（山門派）
真言律宗
天台系
天台宗 806
天台宗
1486（真盛派）
天台真盛宗
993（寺門派）
天台寺門宗
真言系
真言宗 816
高野山真言宗など
（古義）
（新義）
1140
1585
真言宗智山派
真言宗豊山派
浄土系
浄土宗 1175
浄土宗
（鎮西派）
浄土宗西山三派
（西山派）
浄土真宗
1602
浄土真宗本願寺派
真宗大谷派
真宗高田派など八派
時宗 1274
時宗
融通念仏宗 1124
融通念仏宗
禅系
臨済宗 1191
臨済宗妙心寺派など
曹洞宗 1227
曹洞宗
黄檗宗 1661
黄檗宗
日蓮系
日蓮宗 1253
（一致派）
日蓮宗
日蓮宗不受不施派
（勝劣派）
法華宗など
1290
日蓮正宗
（興門派）
日蓮系新宗教教団
参考:文化庁編『宗教年鑑』

〇三九

【天台宗】最澄が興した現代日本仏教の原点

奈良仏教は政治と結びつくあまり腐敗が進んだため、桓武天皇は都を長岡京、さらに平安京へと移し、仏教界の刷新を目指した。ここで登場したのが、最澄《さいちょう》（→一一二頁）と空海《くうかい》（→一一四頁）である。ふたりは遣唐使として唐に渡り、それぞれ仏教を学んで教えを持ち帰った。帰国後、奈良仏教とは異なり、世俗の都市とは距離を置いて山中に修行の場を設けた点が共通している。

最澄が伝えた天台宗は六世紀に中国で興った宗派で、『法華経《ほけきょう》』を最高の経典と位置づけている。先に日本に伝えられた法相宗《ほっそう》や華厳宗《けごん》よりも歴史は古い。

最澄は天台宗をそのまま伝えたのではなく、さまざまな教義を取り入れている。その教えは「円・戒・禅・密」を統合した「四種相承《ししゅそうじょう》（四宗《ししゅう》合一《ごういつ》）」というキーワードで表わされる。

最初の「円」は中国の天台宗の完全な教えを意味する。これ以降が最澄のオリジナルであり、「戒」は独自の大乗戒、「禅」は唐に赴く前から学んでいた禅の教え、「密」は中国で学んだ密教の教えだ。

最澄没後、弟子の円仁《えんにん》や円珍《えんちん》により、天台宗は密教色を濃くしていった。

天台宗が拠点にした比叡山延暦寺《ひえいざんえんりゃくじ》は、僧侶としての戒律を授ける戒壇が設けられた数少ない寺院だ。後の鎌倉仏教の始祖のほとんどが延暦寺で学んでおり、日本仏教の礎となった。

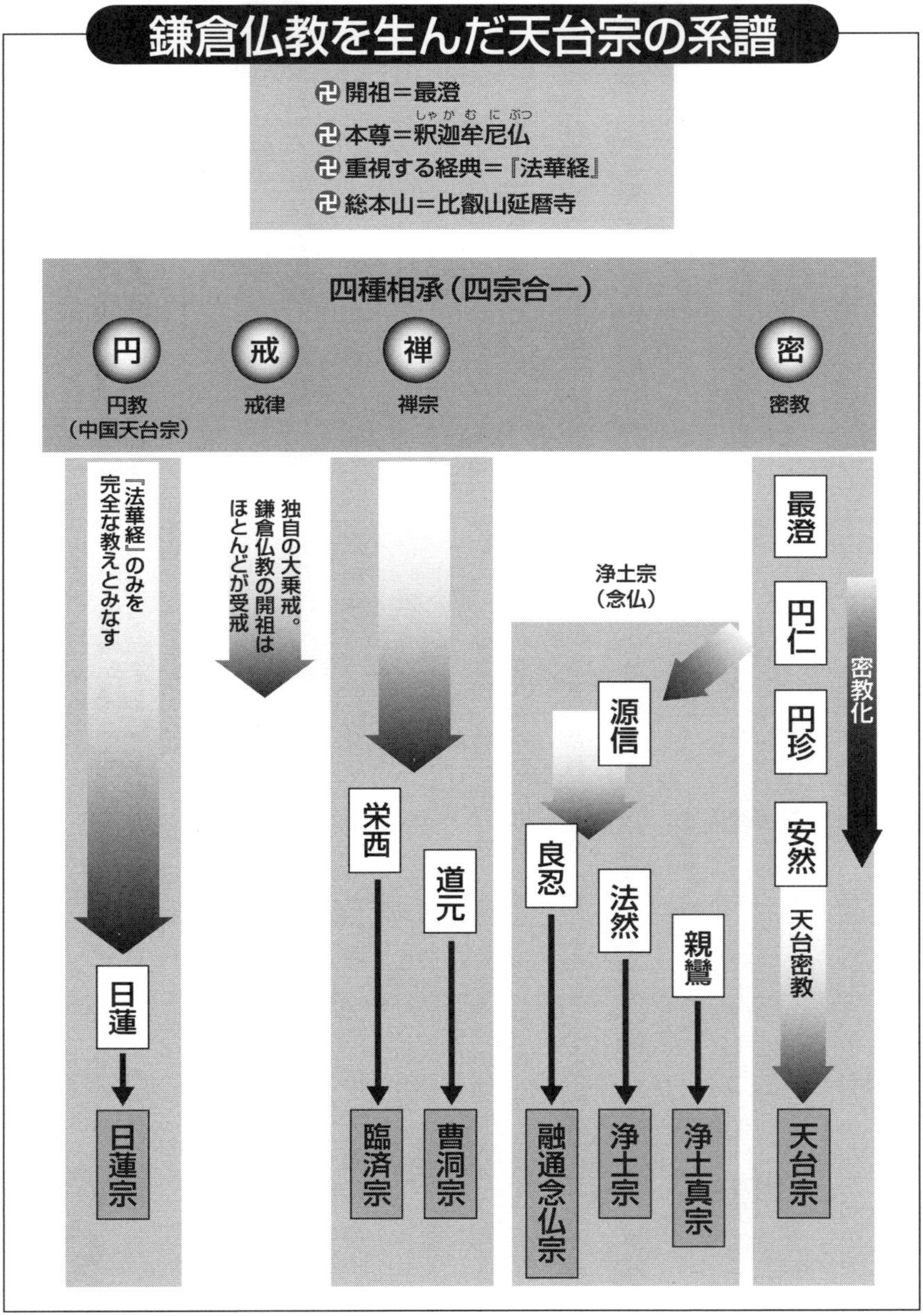
鎌倉仏教を生んだ天台宗の系譜
卍開祖＝最澄
卍本尊＝釈迦牟尼仏《しゃかむにぶつ》
卍重視する経典＝『法華経』
卍総本山＝比叡山延暦寺
四種相承（四宗合一）
円
円教
（中国天台宗）
戒
戒律
禅
禅宗
密
密教
『法華経』のみを完全な教えとみなす
独自の大乗戒。鎌倉仏教の開祖はほとんどが受戒
日蓮
日蓮宗
栄西
臨済宗
道元
曹洞宗
浄土宗
（念仏）
源信
良忍
融通念仏宗
法然
浄土宗
親鸞
浄土真宗
最澄
円仁
円珍
安然
密教化
天台密教
天台宗

【真言宗】
弘法大師が開いた「即身成仏」の教え

〇四〇

最澄がさまざまな教えを網羅した天台宗を興したのに対し、弘法大師空海（➡一一四頁）は唐で学んだ密教（➡六四頁）の教えを伝えた。帰国後、高野山を修行の場として真言宗を開く。宇宙の根源である大日如来《だいにちにょらい》を本尊とし、『大日経《だいにちきょう》』『金剛頂経《こんごうちょうきょう》』を根本経典とする。

密教の世界観では、すべての存在は「五大」（地・水・火・風・空）と「識」（精神）を合わせた「六大」の現れと見なす。

仏も私たち一般の人間も六大から成り立っていることには変わりはなく、すべては大日如来のはたらきに他ならない。私たちはありのままの姿ですでに仏であり、修行の実践によってそれを自覚できる。その修行とは、手では印を結び、口では真言を唱え、心では本尊を念じる。これを「三密」と呼び、それぞれが身《しん》（体）、口《く》（言葉）、意《い》（心）のはたらきに対応している。三密を実践することによって、私たちの心と身体は仏と一体になる。これが「即身成仏《そくしんじょうぶつ》」である。

密教は護摩《ごま》を焚《た》くなどして呪術的な加持祈禱《かじきとう》を行なって現世での不安を取り除くことに成功し、広く信仰を集めた。

空海の教えは十大弟子によって受け継がれ、多くの流派を生み出した。現在、空海が開いた金剛峯寺《こんごうぶじ》をはじめ、真言宗十八本山が主な門派を形成している。

真言宗の基本的な思想

- 卍 開祖＝空海
- 卍 本尊＝大日如来
- 卍 重視する経典＝『大日経』『金剛頂経』
- 卍 総本山＝高野山金剛峯寺など18本山

六大《ろくだい》体大《たいだい》

「六大」（6つの構成要素）が、すべての現象を形作る「大いなる体（本質）」である

六大＝宇宙の構成要素

物質＝五大：地　水　火　風　空

精神：識

四《し》曼《まん》相大《そうだい》

「体大」が現象として現れた「大いなる相（姿）」は、「四曼」（4つの曼荼羅）で表わされる

4つの曼荼羅《まんだら》

大曼荼羅（両部《りょうぶ》曼荼羅《まんだら》）
諸仏の姿を描いた一般的な曼荼羅

三昧耶曼荼羅《さんまやまんだら》
仏の姿の代わりに、象徴するシンボルで表わしたもの

法曼荼羅（種子《しゅじ》曼荼羅）
仏の姿の代わりに、象徴する文字（梵字《ぼんじ》）で表わしたもの

羯磨曼荼羅《かつままんだら》
平面ではなく、彫刻など立体的な像として表わしたもの

三密《さんみつ》用大《ゆうだい》

本質と現象を踏まえ、「三密」（仏の3つの働き）を「大いなる用（作用）」として実践することによって仏と一体になれる

仏の3つの働き

- 身密　（身体）手で印を結ぶ
- 口密　（言葉）口で真言（マントラ）を唱える
- 意密　（心）　心で本尊を念じる

【浄土宗】
「南無阿弥陀仏」と唱えるだけで

〇四一

南無阿弥陀仏《なむあみだぶつ》――阿弥陀仏に礼拝《らいはい》します、信仰を捧げます、という意味である。

この念仏を唱えて極楽浄土への往生を祈る浄土信仰は、平安時代の比叡山から生まれた。戦乱や飢餓が続き、暗黒の「末法の時代」に入ったという不安が世の中を覆う中、宗派を超えて瞬く間に広まった。比叡山の源信が『往生要集《おうじょうようしゅう》』を著し、この流れを受け継いで、ひとつの思想に高めたのが法然《ほうねん》である。

法然は念仏を唱えることこそ、すべての人を極楽に往生させる行であるとする「専修念仏《せんじゅねんぶつ》」を説き、浄土宗を開いた。

阿弥陀仏はもともと私たちすべてを等しく救おうという「本願《ほんがん》」（誓い）をもっているのであるから、その慈悲を信じて、ひたすら「南無阿弥陀仏」と唱えよというわけである。

その念仏は自分で唱えようとして唱えるのではなく、阿弥陀さまの本願によって自然に口をついて出てくるという「他力」の念仏である。

ただ念仏を唱えればよいという画期的な教えは民衆に広く受け入れられた。既存の宗派は猛反発し、比叡山や奈良の寺院の画策により、法然ら浄土宗門徒は流刑にされてしまう。その中には後に浄土真宗を開く親鸞《しんらん》もいた。この流刑により、念仏はむしろ地方にも普及し、浄土真宗などを生み出す契機となったのだ。

末法思想と念仏の広まり

- 卍 開祖＝法然
- 卍 本尊＝阿弥陀如来
- 卍 重視する経典＝『浄土三部経』
- 卍 総本山＝知恩院

末法思想

正法	お釈迦さま入滅後、1000年（または500年）間。教え・修行・悟りのすべてがある時代
像法	正法後、1000年（または500年）間。教え・修行はあるが、悟りのない時代
末法	像法後。修行も悟りもなく、教えだけが残る時代。日本では1052年に末法に入ったとされた

↓

浄土信仰

↓

日本における浄土教の基礎

天台宗の円《えん》仁《にん》が念仏を取り入れる

↓

浄土教の発展

空也	行者として諸国を巡り、「踊り念仏」で庶民に念仏を広める
源信	天台宗僧侶。念仏のバイブル『往生要集』を著す
良忍	「みんなで念仏を唱えれば、その分パワーアップする」という融通念仏宗の開祖
法然	比叡山に学び、『往生要集』に出会って念仏の道へ。浄土宗の開祖
親鸞	法然の弟子。流罪を機に地方へも布教。浄土真宗の開祖

【浄土真宗】私たちはすでに救われている

〇四二

法然の弟子となった親鸞《しんらん》は、法然が強調した「他力」をおろそかにする者が多いのを不満に思い、浄土真宗を興した。ただ念仏を唱えればいいというのではない。自力で往生しようなどと思わず、阿弥陀さまが立てた誓いによって信心が生じ、念仏を唱えさせてもらう。いっさいの計らいを捨てて阿弥陀さまにお任せすることで救われるのだ。

親鸞の教えをまとめた『歎異抄《たんにしょう》』には「善人だって往生できるのだ。まして悪人ならなおさら往生できる」という言葉がある（悪人正機《しょうき》説）。善人はもっぱら自力で努力するため、他力に頼りきることができない。しかし、悪人が自らの悪を自覚したとき、本当に救われたいと他力に頼る。これこそが阿弥陀さまの本願にかなうというのだ。

親鸞が重んじる『無量寿経《むりょうじゅきょう》』には、阿弥陀さまがまだ仏になる前の修行中に立てた四十八の誓いの十八番目として「念仏を唱えた者は必ず往生をとげさせる。もし往生できないのなら、私は仏にはならない」があげられている。阿弥陀さまは仏になったのであるから、念仏を唱える者が救われることはすでに決まっているのだ。

世俗の中で阿弥陀さまという大船に身をゆだねる——この信仰のスタイルは、酒も飲めば妻もめとるという浄土真宗の僧侶の姿につながっている。

浄土真宗は本願寺を根拠地とし、後に蓮如《れんにょ》（↓一二七頁）が登場して隆盛を誇ることになる。

浄土真宗の核心「悪人正機説」

- 卍 開祖＝親鸞
- 卍 本尊＝阿弥陀如来
- 卍 重視する経典＝『浄土三部経』
- 卍 総本山＝本願寺他、流派による

善人なおもて往生をとぐ いわんや悪人をや

善人でさえ浄土に行ける。
まして悪人なら、
なおさら浄土に行ける。

阿弥陀さまは本来、煩悩にまみれた私たち「悪人」をあわれに思って、真っ先に救いの手を差しのべてくれる存在である。

一方、自ら善行に励んだり、修行に打ち込む「善人」は、阿弥陀さまに身をゆだねることはしない。なぜなら、阿弥陀さまの力を心底信じてはいないからだ。こうした「善人」は、阿弥陀さまから見れば、いわば後回しとなる。

しかし、自力の善行や修行の結果、往生する「善人」もいる。ならば、阿弥陀さまの力を信じている、本来の救いの対象である「悪人」は、なお容易に往生できる。

念仏パワーの発展（?）

融通念仏宗	みんなで一緒に念仏を唱えれば、 その功徳が融通し合う。
浄土宗	阿弥陀さまによる救いを信じ、 一心に念仏を唱えれば往生できる。
浄土真宗	阿弥陀さまを信じているだけで往生できる。
時宗	念仏そのものに力がある。信じていてもいなくても、 一度でも唱えれば往生できる。

〇四三

【日蓮宗】
「南無妙法蓮華経」のパワーで救われる

もともと比叡山で学んでいた日蓮は、お釈迦さまの教えの本質はすべて『法華経』にあるとし、「南無《な む》妙法蓮華経《みょうほうれんげきょう》」という「お題目《だいもく》」を唱えることで救われると説いた。「南無」は「礼拝します」「信仰を捧げます」、「妙法蓮華経」はクマーラジーヴァ（鳩摩羅什）が漢訳した経典『妙法蓮華経』のことだ。

日蓮は、どんな者も仏性《ぶっしょう》（仏になる性質）を備えており、お釈迦さまの完全無欠のパワーが込められた題目を唱えることで、本来もっている仏性の種が目を覚まし、現世において成仏がかなうと説いた。日蓮宗の教義と行動原理は「五義（五綱）」と「三秘（三大秘法）」として知られている。

日蓮が際立っていたのは、自らの教えこそ正しいと主張するだけでなく、当時民衆の間で流行していた浄土信仰や武士がたしなんだ禅宗を「邪教」と断じて激しく批判したことだ。さらに、信仰を個人レベルにとどめず、社会や国家レベルで奉じるべきだと声高に訴えた。

確かに国難が絶えないご時世であり、日蓮は心底、情熱的に国を憂えていたのだろう。しかし、あまりに攻撃的だったため、たびたび迫害を受けることになる。それでも日蓮は、迫害こそ『法華経』に記されている「法難」（教えを広める上での試練）だと受け止めて、ひるむことなく信念を貫いた。

日蓮宗の「五義」と「三秘」

五義（五綱）

教	すべての経典の中で、『法華経』こそが最高の教えであると知ること
機	教えを受ける人のこと。末法の時代に生きる人々
時	『法華経』の教えが広められる時期。末法の今の世のこと
国	『法華経』の教えが広められるべき場所。すなわち末法の日本
序	教・機・時・国を踏まえ、今までにどんな教えがあり、これからどんな教えを広めるべきかを知ること

三秘（三大秘法）

本門の本尊（仏の本質）	久遠実成の仏（永遠の生命をもった仏）を信じて信仰を捧げる
本門の題目	「南無妙法蓮華経」の題目を唱え、念じる
本門の戒壇	現実の社会を、題目を唱える道場とする

【曹洞宗】
ただひたすら座り続けよ

〇四四

座禅を修行の主軸とする禅宗は、中国の唐の時代に代表的な五派が成立した。このうちまず臨済《りんざい》宗が、宋代に中国に渡った栄西《えいさい》によって日本に伝えられた。

栄西の弟子・明全《みょうぜん》の弟子だった道元がやはり宋に渡り、出会ったのが曹洞宗である。道元は自らの教えを、お釈迦さまから直弟子アーナンダへ、そしてボーディダルマ（菩提達磨《ぼだいだるま》）を通じて中国へ伝えられた禅の本流を受け継ぐ「正伝の仏法」と主張した。

臨済宗の座禅では、公案（禅問答の課題）を通じて自分の中にある仏に出会うことを目指す（看《かん》話《な》禅）。一方、曹洞宗ではただひたすら座禅を続ける。これを「黙照禅《もくしょうぜん》」（只管打坐《しかんたざ》）と呼ぶ。座り続けることにより心身が一切の束縛から自由になる「身心脱落」を体験することができる。道元自身は宋に渡って四年目にこの境地に達した。

さらに、修行をして悟りに至るのではなく、修行そのものが悟りであると考える（修証一如《しゅしょういちにょ》）。また、座禅によって得られる境地を「即心是仏《そくしんぜぶつ》」という言葉で表わす。座り続けることによって宇宙と一体となることこそ、お釈迦さまの境地に達することなのである。

曹洞宗は永平寺と総持寺を二大本山とするが、分派がないため、現在約一万五千もの寺院を抱える日本最大の教団となっている。

臨済宗・曹洞宗の系譜

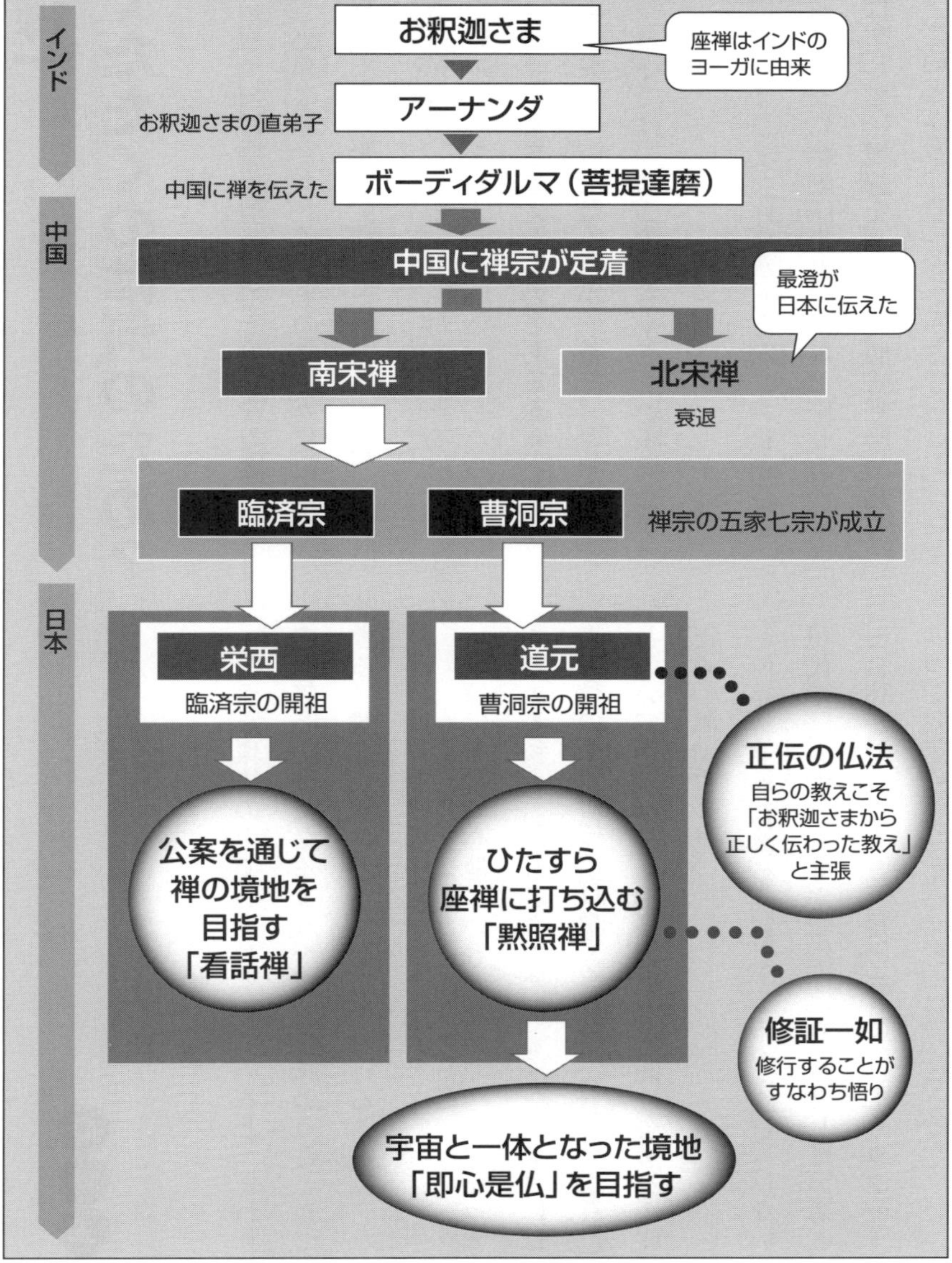
インド
中国
日本
お釈迦さま
座禅はインドのヨーガに由来
お釈迦さまの直弟子
アーナンダ
中国に禅を伝えた
ボーディダルマ（菩提達磨）
中国に禅宗が定着
最澄が日本に伝えた
南宋禅
北宋禅
衰退
臨済宗
曹洞宗
禅宗の五家七宗が成立
栄西
臨済宗の開祖
道元
曹洞宗の開祖
正伝の仏法
自らの教えこそ「お釈迦さまから正しく伝わった教え」と主張
公案を通じて禅の境地を目指す「看話禅」
ひたすら座禅に打ち込む「黙照禅」
修証一如
修行することがすなわち悟り
宇宙と一体となった境地「即心是仏」を目指す

〇四五

【座禅】棒でたたくのは何のため？

静かに座って呼吸を整え、心と身体をひとつにする——座禅はもともとインドのヨーガに由来する。お釈迦さまも座禅を通して悟りに至った。

座禅は本を読んだり話を聞いたりするだけでは得られない、言葉を超えた深い体験をもたらしてくれる。何せ言葉を超えたものであるから、理屈ではなく体験していただくのが一番だ。曹洞宗や臨済宗のお寺では、初心者にもやさしい座禅会が催されている。

座禅にはさまざまな作法があるが、お釈迦さまがそうしたように結跏趺坐《けっかふざ》と呼ばれる座り方が基本。目は閉じずに視線を落とし、腹式呼吸で息を整える。このとき数を数えることもある。

静かな環境の中で心をしずめていると、まわりの空気と一体になるような感覚を味わうことができる。雑念が湧いてきても払いのけることはしないが、自ら追いかけないようにする。

座禅は非常に心地よいものなので、眠くなってくるのも珍しいことではない。そんなときには、指南役の僧侶が棒で打ってくれる。これは「警策《けいさく》」といい、罰ではなく、精神集中を助け姿勢を正すための激励である。

何か特別な体験を期待するのが座禅ではない。現代では三十分も静かな空間でじっとしていること自体が特別なこと。足の痛さよりもリラクゼーション効果のほうが大きいのは確かである。

座禅の基本
雑念が湧いてきても払いのけない。しかし、自ら追いかけないようにする
目は閉じず、視線を落とす
背筋はまっすぐ
ゆったりした服装で
呼吸の仕方
最初に口から息を長く大きく静かに吐く。すると自然に鼻から静かに吸い込める。これを何度か繰り返していると、呼吸が整ってくる
座禅用の座布団を使うと楽
座禅の最中は腹式呼吸。慣れないうちは、下腹に手を当てながら、吸ったときに膨らませ、吐くときにへこませるようこころがける
足の組み方
両方の足の裏を上に向けて組む「結跏趺坐」が基本。ただし、片足だけ上に向ける「半跏趺坐」、あるいは正座でもよいし、腰かけてもよい。
結跏趺坐《けっかふざ》
法界定印《ほうかいじょういん》
手の組み方
右の手のひらの上に左の手のひらを重ねる「法界定印」が基本。
姿勢の整え方
体を前後左右に揺らしていると、背筋が伸びて体が安定する姿勢に落ち着く

【お経】
なぜ日本語のお経がないのか？

〇四六

キリスト教に聖書が、イスラム教にコーランがあるように、仏教にも聖典がある。それがお経（経典）だ。ただし、仏教には俗に「八万四千」とも言われるほどの膨大なお経がある。

お釈迦さまが亡くなった後に開かれた「第一結集」「第二結集」（→三四頁）では、お釈迦さまが何を説いたかがまとめられたが、文字には記録されず、伝唱によって伝えられた。その後二百年以上がたち、ようやくパーリ語やサンスクリット語で書かれた原始仏典と呼ばれる経典が成立した。弟子がお釈迦さまの説法を聞く形で「このように私は聞いた」という出だしで始まっている。

私たちが法要などで耳にするのは大乗仏教の経典だ。後生の学僧や修行者たちが、過去の経典を引用し、注釈をつけ、解釈し、わかりやすく伝えるために独自の文章を付け加えたりした。

こうしてインドで千年以上にわたって生み出されてきた膨大なお経がまずは中国に伝わり、中国語に訳されたものが日本に伝わった。すべて漢字で書かれており、しかも千年以上昔の中国語の発音で読まれるから、日本人が聞いても中国人が聞いてもわからない仕掛けだ。

仏教全体の聖典はないとはいえ、宗派ごとに重視しているお経は、どれもお釈迦さまの教えへの入口になるはずだ。まずはこうした有名なお経の日本語訳を読まれることをお勧めしたい。

主なお経

三蔵《さんぞう》（一切経《いっさいきょう》・大蔵経《だいぞうきょう》）

「三蔵」（すべてのお経の総称）は経蔵・律蔵・論蔵からなる

経蔵	律蔵	論蔵
お釈迦さまが説いた言葉をまとめたもの	僧侶や教団のための規則をまとめたもの	経蔵や律蔵の注釈や解釈

経集《きょうしゅう》

パーリ語で書かれた原始仏教の聖典のうち最古のもの。お釈迦さまの初期の教えが詩句の形にまとめられている。教団が大きくなる以前の教団の様子がわかる。日本語訳は『ブッダのことば—スッタニパータ』（岩波文庫）。

法句経《ほっくきょう》

経集と並んで最古のパーリ語聖典のひとつ。お釈迦さまの説いた仏教の基本的な教えが26章423の詩句にまとめられている。日本語訳は『ブッダの真理のことば・感興のことば』（岩波文庫）。

般若心経《はんにゃしんぎょう》

大乗仏教の基本思想である「空」を説く、紀元前後に成立した膨大な『般若経』経典群のエッセンスをまとめたもの。日本では玄奘三蔵の漢訳版が親しまれている。日蓮宗と浄土真宗以外で読まれている。

華厳経《けごんきょう》

お釈迦さまを毘盧遮那仏と同一視し、悟りの世界観を説いている。善財童子が53人のキーパーソンを訪ねつつ修行を積んで悟りを開くまでのストーリーが詳細に描かれたパート「入法界品」などが有名。

法華経《ほけきょう》

『華厳経』と並んで大乗仏教を代表する経典。誰もが悟りに至る可能性を秘めており、お釈迦さまは永遠にどこにでも現れて人々を救うことなどが説かれている。最澄や日蓮など日本仏教の成立に大きな影響を与えた。

浄土三部経《じょうどさんぶきょう》

阿弥陀さまの浄土思想を説く『無量寿経』『観無量寿経』『阿弥陀経』。念仏を唱えることによって極楽浄土に往生できると説く。浄土系宗派（浄土宗、浄土真宗、時宗）の根本経典となっている。

大日経《だいにちきょう》 金剛頂経《こんごうちょうきょう》

即身成仏など密教のエッセンスが説かれ、具体的な修行の方法が記されている。ただし、縁を結んだ師による直接の伝授がなければ本当の内容は理解できないとされる。真言宗の根本経典である。

理趣経《りしゅきょう》

大日如来が80億に及ぶ菩薩たちに説いた教え。ひとりのための「小欲」を、大きく絶対的な救済への欲望「大欲」に変えるという前提で、欲望も煩悩も清らかな菩薩の境地であると説く。真言宗のお寺で日常的に読まれる。

【般若心経】

二六二文字に込められた「空」の教え

○四七

自分の宗派のお経の名前は知らなくても『般若《はんにゃ》心経《しんぎょう》』という名前は聞いたことがあるだろう。正しくは『摩訶般若波羅蜜多心経《まかはんにゃはらみたしんぎょう》』。数多あるお経の中で最も有名で、写経にもよく用いられる。

その大元である『大般若波羅蜜多経』は約六百巻もあり、玄奘三蔵《げんじょうさんぞう》が三年かけて漢訳した。「般若」は「智慧」、「波羅蜜多」は「向こう岸に渡る」を意味し、智慧によって向こう岸、つまり迷いや苦しみのない悟りの境地に達する筋道を説いている。

膨大な般若経典のエッセンスを二六二文字というわずかな字数にまとめたのが般若心経。「心」はエッセンスを意味する。

そこで説かれているのは「空《くう》」の教えである。

煩悩を滅しようとすると、かえって煩悩にこだわってしまう。執着する心を捨て、こだわることをやめれば「空」の境地が得られる。

有名なフレーズに「色即是空《しきそくぜくう》　空即是色《くうそくぜしき》」がある。この世のあらゆるもの（色《しき》）には確かな実体などはない（空である）。実体がないものに実体があるかのように名前をつけたりして執着し、とらわれている。こだわりから自由になれば、すべてをありのままに見ることができ、心安らかでいられる。

最後には「ぎゃてい　ぎゃてい……」というサンスクリット語の原文が、意味をあえて訳さずに呪文のようにそのまま残されている。

般若心経

玄奘による漢訳

観自在菩薩《かんじざいぼさつ》 行深般若波羅蜜多時《ぎょうじんはんにゃはらみったじ》
照見五蘊皆空《しょうけんごうんかいくう》 度一切苦厄《どいっさいくやく》
舎利子《しゃりし》 色不異空《しきふいくう》 空不異色《くうふいしき》 色即是空《しきそくぜくう》 空即是色《くうそくぜしき》
受想行識《じゅそうぎょうしき》 亦復如是《やくぶにょぜ》 舎利子《しゃりし》 是諸法空相《ぜしょほうくうそう》
不生不滅《ふしょうふめつ》 不垢不浄《ふくふじょう》 不増不減《ふぞうふげん》 是故空中無色《ぜこくうちゅうむしき》
無受想行識《むじゅそうぎょうしき》 無眼耳鼻舌身意《むげんにびぜっしんに》 無色声香味触法《むしきしょうこうみそくほう》
無眼界《むげんかい》 乃至無意識界《ないしむいしきかい》 無無明《むむみょう》 亦無無明尽《やくむむみょうじん》
乃至無老死《ないしむろうし》 亦無老死尽《やくむろうしじん》 無苦集滅道《むくしゅうめつどう》 無智亦無得《むちやくむとく》
以無所得故《いむしょとくこ》 菩提薩埵《ぼだいさった》 依般若波羅蜜多故《えはんにゃはらみったこ》
心無罣礙《しんむけげ》 無罣礙故《むけげこ》 無有恐怖《むうくふ》 遠離一切《おんりいっさい》
顛倒夢想《てんどうむそう》 究竟涅槃《くきょうねはん》 三世諸仏《さんぜしょぶつ》 依般若波羅蜜多故《えはんにゃはらみったこ》
得阿耨多羅《とくあのくたら》 三藐三菩提《さんみゃくさんぼだい》 故知般若波羅蜜多《こちはんにゃはらみった》
是大神咒《ぜだいじんしゅ》 是大明咒《ぜだいみょうしゅ》 是無上咒《ぜむじょうしゅ》 是無等等咒《ぜむとうどうしゅ》
能除一切苦《のうじょいっさいく》 真実不虚《しんじつふこ》
故説般若波羅蜜多咒《こせつはんにゃはらみったしゅ》 即説咒曰《そくせっしゅわつ》
羯諦《ぎゃてい》 羯諦《ぎゃてい》 波羅羯諦《はらぎゃてい》 波羅僧羯諦《はらそうぎゃてい》 菩提薩婆訶《ぼじそわか》
般若心経《はんにゃしんぎょう》

「この世のすべての物事はお互いの依存関係によって起こるもので、それ自体に実体はない」と「空」の基本思想を説く

「生老病死といった苦を制しようとこだわるな」と説く

サンスクリット語の原文を音写した呪文の部分

チベットの般若心経▼

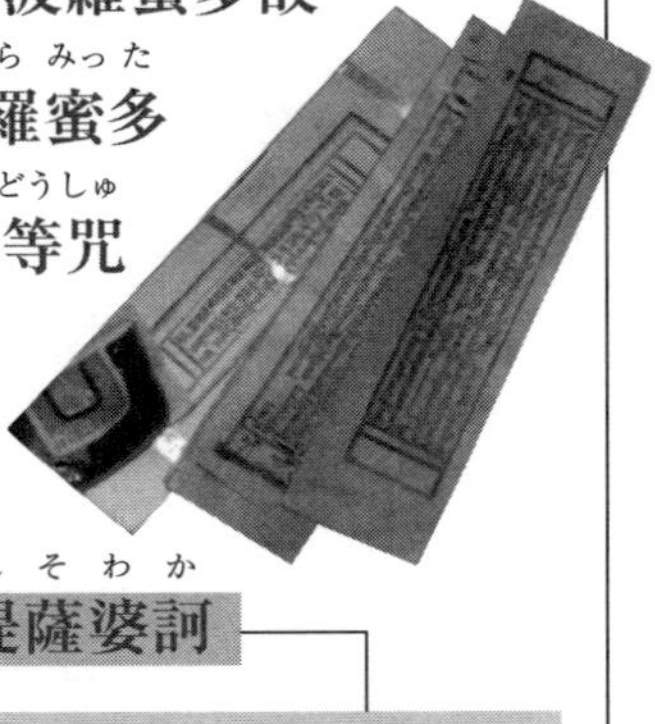

〇四八

【お寺】なぜ「山」なのか？

お釈迦さまは修行僧時代、山や森、洞窟で修行に励んでいた。教団が大きくなると、僧侶たちは信者から寄進された僧院（精舎《しょうじゃ》、ヴィハーラ）に定住して修行するようになった。これが「お寺」の原型だ。修行には静かな環境が必要だったため、精舎は市街地から少し離れた郊外に設けられた。ただし、僧が日々托鉢《たくはつ》に出かけることも考慮して、町との往来にあまり不便でない土地が選ばれたという。

ところで、お寺の名前には「華頂山知恩教院大谷寺」のように「山」「院」「寺」という文字がつく。これらの呼び名は中国から来ている。

中国ではかつて外交使節を接待する役所の施設を「寺」と呼んでいた。西域から僧侶がやって来たときに「寺」に滞在したことから、仏教の修行の場を寺と呼ぶようになったという説がある。

寺院の「院」は回廊のある建物のことだ。確かに大きなお寺は回廊を備えていることが多い。

そして、「山」は文字通り山を指す。もともと中国ではお寺は山に建てられることが多かった。仏教以前から道教寺院や宗教的な修行の場は人里離れた場所に設けられていたのだ。

日本では、仏教伝来当初は都に寺が建てられた。しかし、最澄は比叡山を、空海は高野山を修行の場として選んだ。仏教以前からある山岳信仰とも深く結びついていたと考えられる。

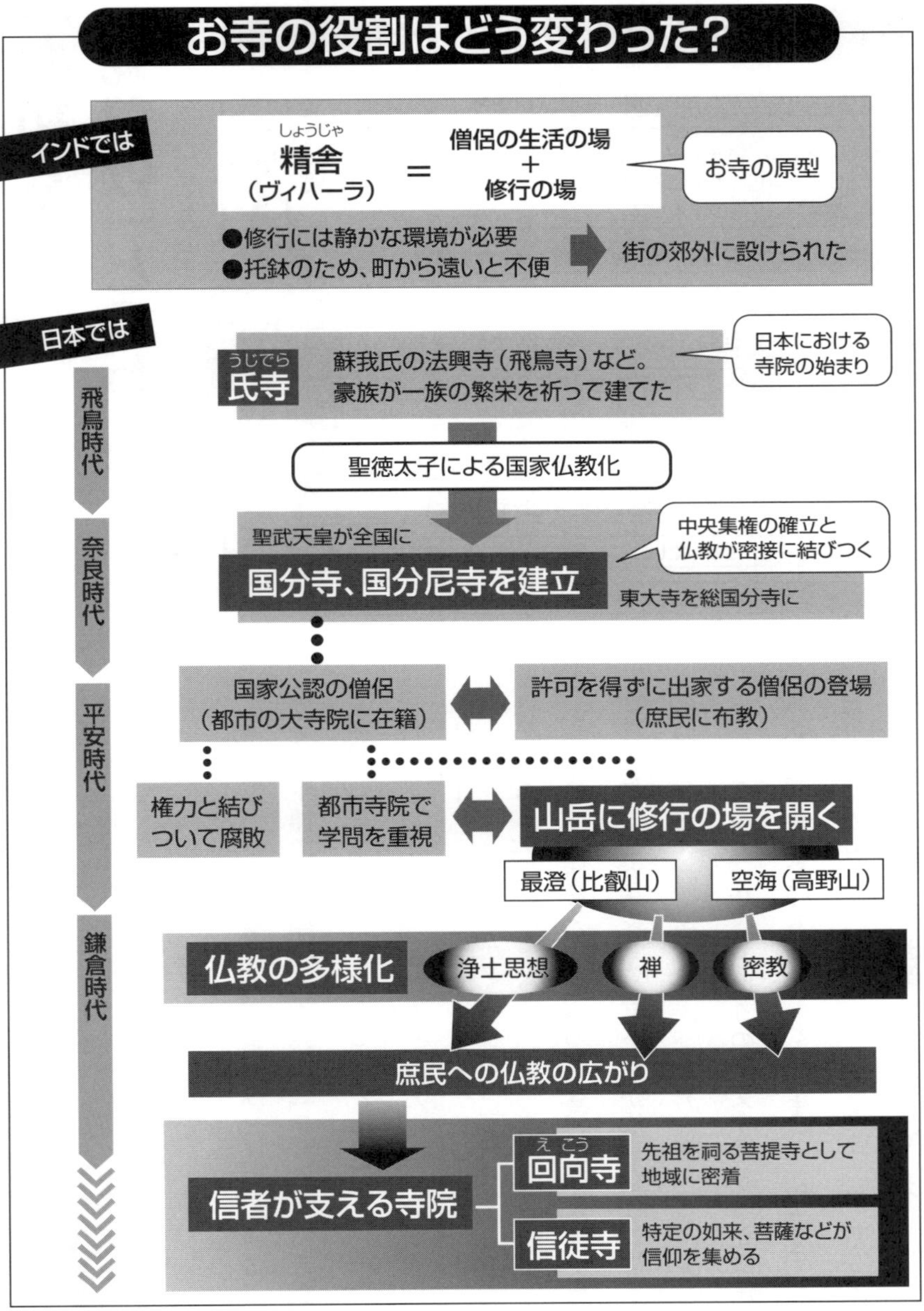

お寺の役割はどう変わった？
インドでは
精舎《しょうじゃ》（ヴィハーラ）＝僧侶の生活の場＋修行の場
お寺の原型
●修行には静かな環境が必要
●托鉢のため、町から遠いと不便
街の郊外に設けられた
日本では
飛鳥時代
奈良時代
平安時代
鎌倉時代
氏寺《うじでら》
蘇我氏の法興寺（飛鳥寺）など。
豪族が一族の繁栄を祈って建てた
日本における寺院の始まり
聖徳太子による国家仏教化
聖武天皇が全国に
国分寺、国分尼寺を建立
東大寺を総国分寺に
中央集権の確立と仏教が密接に結びつく
国家公認の僧侶（都市の大寺院に在籍）
許可を得ずに出家する僧侶の登場（庶民に布教）
権力と結びついて腐敗
都市寺院で学問を重視
山岳に修行の場を開く
最澄（比叡山）
空海（高野山）
仏教の多様化
浄土思想
禅
密教
庶民への仏教の広がり
信者が支える寺院
回向寺《えこう》
先祖を祠る菩提寺として地域に密着
信徒寺
特定の如来、菩薩などが信仰を集める

【お坊さん】「丸儲け」と言われて……

〇四九

お坊さんの呼び名

大師（だいし）	朝廷から高僧に与えられた称号
管長（かんちょう）、管主（かんす、かんじゅ）、座主（ざす）、門主（もんす、もんしゅ）、院主（いんしゅ、いんじゅ）、化主（けしゅ）、貫首（かんしゅ、かんじゅ、かんず）、長吏（ちょうり）	宗派のトップ
阿闍梨（あじゃり）	天台宗・真言宗で修行の師となる高僧
禅師（ぜんじ）	禅の修行を積んだ高僧
住職（じゅうしょく）、住持（じゅうじ）	お寺に住んで仏法を守る人
上人、聖人（しょうにん）	日蓮宗で住職をこう呼ぶ
和尚（おしょう、かしょう、わじょう）、和上（わじょう）	元の意味は先生・師匠。人に接して教えを説く僧のこと
比丘（びく）	出家した僧侶。女性は比丘尼（びくに）
行者（ぎょうじゃ）	出家したしないにかかわらず、修行をしている者
小僧（こぞう）	20歳以下の僧侶

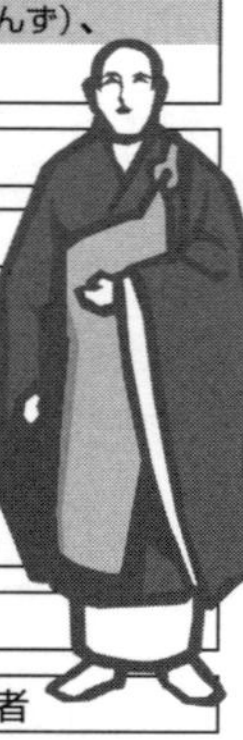

僧というのは出家して僧籍に入った者。サンスクリット語で「教団」を表わす「サンガ」の音訳「僧伽《そうぎゃ》」に由来する。お釈迦さまの時代には、サンガは四人以上の集団を指していたが、仏教が中国を経て日本に伝わるうちに、ひとりでも僧と呼ぶようになった。

一口に「お坊さん」といっても、上は大師《だいし》から下は小僧までさまざま。私たちが法事などで接するのは、お寺の「住職」や、その息子「副住職」あたりだろう。住職というのは文字通り、寺に住み込んで仏法を守る僧のことだ。また、「和尚さん」はサンスクリット語の「オッジャー」の音写で、本来は教えを授かるお師匠を意味している。

【尼さん】男よりも厳しい戒律

〇五〇

尼さんが守るべき規則

お釈迦さまの時代に定められた比丘尼の出家の条件「八敬法」より

- 卍 出家して百年たつ尼であっても、新米の比丘に敬意を払うこと
- 卍 比丘を敬い、どんな理由であれ罵《ののし》ったり誹《そし》ったりしてはならない
- 卍 比丘に過失があっても、尼はこれをあげつらってはならない
- 卍 具足戒《ぐそくかい》を授かろうとする尼は、高徳の比丘のもとに求めること
- 卍 過失を犯したら、比丘衆の中で懺悔《ざんげ》をすること
- 卍 月2回、高徳の比丘衆のもとで教えを受けて、罪を懺悔すること
- 卍 夏安居《げあんご》の間は比丘衆とともに教えを受け、修行に精進すること
- 卍 安居が明けた後、比丘衆の中で罪を反省・懺悔し合うこと

※夏安居：夏のお籠もり修行

お釈迦さまの時代、当初の弟子たちはすべて男性だった。最初に出家を望んだ女性は、お釈迦さまの養母マハープラジャーパティーである。

しかし、お釈迦さまは女性が教団に加わることを望まなかった。養母の出家を許して、世界初の尼さんが誕生した後も「女が加わったら千年続く仏教が五百年で滅びる」などと言っている。経典にも「女は怒りやすく、嫉妬深く、物惜しみをし、愚かだ」などと書かれている。

もちろん女性のせいで仏教は滅びなどしなかったし、立派な尼さんは数多い。しかし現在も、僧侶に対する戒律が二百五十であるのに対し、尼さんが守るべき戒律は三百四十八もある。

コラム 3

キリスト教と仏教はどう違う？

仏教はお釈迦さまが、キリスト教はイエス・キリストが始めた宗教で、いずれも国や民族を超えて広まった世界宗教である。しかし、その世界観は大きく違う。

キリスト教では、まず絶対的な神が存在し、神が世界を創造したという。そこを信じなければ入っていけず、神の言葉に従うことが信仰の証となる。

一方、仏教には、全知全能の神は存在しない。それどころか、この世のすべての現象には実体がないという。修行によってその真理を知るという抽象的なことが目標となる。

確かに神が枠組みを決めてくれたほうが楽である。しかし、それによって、たとえば「ダーウィンの進化論は聖書と矛盾するから間違っている」といった信念が生まれてしまう。

逆に仏教では、お釈迦さまの言葉でさえ疑ってかかるべきだと説いている。

一般に「キリスト教=西洋合理主義」、「仏教=東洋的な精神主義」のようなイメージがある。しかし、神が何の説明もなしにすべてを決めてしまうキリスト教の世界よりも、仏教のほうが理屈っぽく科学的な側面が強いのだ。

また、キリスト教は「人生は一回切り」、仏教は「また生まれ変わる」という対立も、人の生き方に大きな影響を及ぼしているはずだ。

第四章

名僧WHO'S WHO

仏教世界のスター列伝

【最澄】天台宗の開祖。妥協を知らないパイオニア

〇五一

最澄は近江《おうみ》国滋賀郡（現在の大津）に生まれた。十三歳で近江国分寺に入り、十九歳のとき東大寺で戒律を授かり、正式に僧となった。これはいわば当時のエリートコースである。

しかし、南都六宗（↓八二頁）の教えに満足できず、比叡山にこもってしまう。ここで十二年にわたって中国天台宗の経典を修めるうちに都へも名声が伝わり、遣唐使として唐に渡る機会を得た。

八〇四年、三十八歳で唐に入った最澄は天台山にて天台宗の教えと大乗の戒律を受け、さらに密教と禅を学んだ。わずか一年たらずのことである。この時、同じ遣唐使船団の四隻のうち、別の船には三十一歳の空海が乗っていた。

帰国した最澄は病床にあった桓武天皇に請われ、密教による祈禱《きとう》を行なった。当時、出家できる僧侶の数を政府が定めていたが、この功により、天台宗の学僧二人の出家が認められた。日本における天台宗が開かれたことになる。

天台宗は「天台密教」で知られるが、最澄自身は密教をさほど多くは学んでいない。しかし、桓武天皇をはじめ人々は密教に注目したようだ。

帰国後、遣唐使同期の空海から書籍を借りて密教を学ぼうとするなど親交をあたためたため、空海から灌頂《かんじょう》（入門の儀式）も受けている。しかし、後に空海が「いくら経典を勉強しても実践がともなわなければ何も得られない」と、経典を貸すのを拒

最澄の生涯

767～822
伝教大師。天台宗開祖

- 767　近江国に生まれる
- 779　近江の国分寺に入る（13歳）
- 785　東大寺戒壇院で受戒したものの、比叡山にこもって山岳修行に入る
- 804　遣唐使に選ばれ、唐に渡る（38歳）。天台山で天台教学を学ぶ
- 805　帰国し、京都へ
- 806　天台宗の公認を受け、開宗（40歳）
- 812　空海から密教の灌頂を受ける

空海と絶縁

- 815　南都六宗の学僧と論争。東国に発ち、布教を始める（49歳）
- 822　逝去（56歳）。後に日本初の「大師」の称号が贈られた

み、関係が断たれた。また、最澄が派遣した愛弟子が空海に弟子入りしてしまったこともある。

結局、最澄は密教からは手を引いた。天台宗の密教色が濃くなったのは、後の円珍《えんちん》のはたらきによるものだ。

最澄は妥協を許さないタイプだったようで、旧来の宗派とたびたび論争を交わしている。「上座部仏教徒は成仏できない」と「三乗思想」を主張する法相宗の学僧・徳一《とくいつ》に対し、最澄は「誰もが等しく成仏できる」と「一乗思想」を説いた（死別により決着はついていない）。

最澄は晩年、比叡山に日本初の大乗仏教の戒律を授ける戒壇を設けることを望んでいた。しかし、願いはかなわず八二二年、五十六歳で没した。

その七日後に、天皇から大乗戒壇設立の許可が下りた。後の鎌倉時代には、新興の教団の開祖たちが比叡山から次々と生まれていった。

〇五二

【空海】弘法大師は今も高野山で座禅を続けている

空海は七七四年、讃岐《さぬき》国多度《たど》郡屏風《びょうぶ》ケ浦《がうら》の豪族に生まれ、十八歳で都の大学に入った。しかし、学問に飽きたらず、二十歳過ぎに中退。その後の行方については定かではないが、吉野や四国各地の山中で密教を修めた他、中国語も学んだと言われている。

八〇四年、長期（二十年）の遣唐使として唐に渡る。無名の空海が遣唐使に選ばれた理由は謎に包まれている。

空海は長安の青龍寺で密教の第一人者である恵果《けいか》に師事する。密教の奥義の教えをすべて受け、「この世の一切を遍《あまね》く照らす最上の者」を意味する「遍照金剛《へんじょうこんごう》」という灌頂《かんじょう》名（教えの継承者としての名前）を授かった。

仏教やサンスクリット語の他、土木技術や薬学などを学んだ後、数多くの経典や密教法具、マンダラを携えて帰国。二十年という規則に反し、二年たらずの滞在だったが、その成果と後世に残した影響は大きかった。

帰国後しばらく太宰府《だざいふ》に滞在し、八〇九年に京都に入る。最澄も一目置く密教の第一人者となった空海は嵯峨天皇から高野山を賜り、金剛峯寺を開いて真言仏教の修行の場とした。また、東寺を賜り、道場とした。天台宗の「台密《たいみつ》」に対して、東寺の密教は「東密《とうみつ》」と呼ばれる。雨乞いをして見事に雨を降らせるなど、伝説的なパワーを発揮

弘法大師・空海の生涯

774	讃岐国の豪族の家庭に生まれる
791	大学（明経科）に入学し、三教（儒教・道教・仏教）を学ぶ（18歳）
797	三教を論じた『聾瞽指帰《ろうこしいき》』（後に改定され『三教指帰』）を著す（24歳）
	謎の修行時代
804	東大寺戒壇院で具足戒を受ける（31歳）。突如、遣唐使に選ばれて唐に渡り、長安に入る
805	青龍寺の恵果和尚を訪ねて密教を学び、「伝法阿闍梨《でんぼうあじゃり》」の灌頂を受ける(免許皆伝)。遍照金剛の灌頂名を授かる（32歳）
806	帰国し、太宰府に滞在（33歳）
809	帰京を許される（36歳）
816	高野山に土地を下賜される
819	金剛峯寺を開く（46歳）
823	東寺を下賜され、密教の道場とする
835	高野山で入定（62歳）

774～835
真言宗開祖

して名を馳せた。

空海は仏教以外の教育にも熱心だった。東寺の隣りに、医学や法律、芸術などを教える私立学校「綜芸種智院《しゅげいしゅちいん》」を開いた。一般の庶民にも門戸を開いた画期的な教育機関である。また、故郷・讃岐の溜め池・満濃池《まんのういけ》を最新の工法で改修し、水害を防いだことでも知られている。

晩年には自らの思想を集大成した『秘密曼荼羅《まんだら》十住心論《じゅうじゅうしんろん》』を著し、真言宗を仏教の頂点と位置づけた。八三五年、六十二歳で「入定《にゅうじょう》」。入定とは、永遠の瞑想に入ることである。空海はその後も禅定を続けているとされ、今も高野山奥の院では、僧侶が毎日食事を運んでいる。

弘法大師という名が授けられたのは九二一年。天皇から「大師」を授かった僧は多いが、一般に「大師」といえば空海のことだ。「弘法さん」「お大師さん」として今も親しまれている。

〇五三

【法然】念仏で浄土へ――浄土宗の開祖

法然は平安後期の一一三三年、美作国《みまさか》（今の岡山）の豪族の家に生まれた。九歳のとき、父が権力闘争の末、夜討ちに遭って亡くなった。父は「敵を恨むな。仇討ちは復讐を生み、争いは尽きることはない」と遺言を残して出家を言い渡したという。法然は、叔父が住職を務める寺に引き取られて出家した。

法然は比叡山で天台宗を修めたが、僧侶らの言動に幻滅し、学僧の道を捨てる。仏教は一部の上層階級だけのものとなっており、末法の世で不安におののく民衆とは無縁のものだったからだ。

しかし、源信の著した『往生要集《おうじょうようしゅう》』を手がかりに、中国浄土教の善導《ぜんどう》の教えに魅かれるようになる。そして、善導が『観無量寿経疏《かんむりょうじゅきょうしょ》』で説いた「散善義《さんぜんぎ》」に出合う。

そこには、歩いているときも寝ているときも常に阿弥陀仏の名を唱えていれば往生できる。なぜなら阿弥陀仏はこの行を勤める者を救うと誓っているからだ、と書かれていた。

法然はこれを機に、厳しい修行によって自力で悟りに至る道（聖道門）ではなく、念仏を唱えて極楽浄土に往生する道（浄土門）を選んだ。これこそが民衆が救われる道と考えたからである。

比叡山を下りて東山大谷《ひがしやまおおたに》（現在の知恩院）に庵を設け、ただ一心に念仏を唱えよという「専修念仏」を説き始めた。これが日本における浄土宗の

法然の生涯

1133～1212
平安～鎌倉時代の僧侶。
浄土宗開祖

1133	美作国（岡山）に生まれる
1147	比叡山に入り、僧となる（15歳）
1150	叡空に師事。法然房源空と名乗る
1175	浄土宗を開く。比叡山を下り、西山広谷に。後に東山大谷に移る
1186	各宗派の高僧を相手に教義問答で勝つ（大原問答）
1198	『選択本願念仏集』を撰述
1204	念仏迫害が強まる→元久の法難
1207	建永の法難。讃岐国に流される
1211	赦免となり帰京
1212	「一枚起請文」を遺し、入寂（80歳）

始まりとなる。

ただ「南無阿弥陀仏」と唱えるだけで誰もが救われるという教えは脚光を浴び、瞬く間に庶民に広まった。仏教界においても、天台宗の僧・顕真《けんしん》との「大原問答《おおはらもんどう》」などを通して、その名声は不動のものとなった。法然は九条兼実《くじょうかねざね》に請われて、念仏信仰の集大成『選択本願念仏集』を著した。

しかし、比叡山や奈良の僧侶らはこの教えに強く反発。法然の失脚を狙って政界に工作を図った。

一二〇七年、法然の弟子が密通事件を起こしたと噂をたてられ、四人が死罪に、法然ら一門七人が流刑になってしまう。この七人の中には、後に浄土真宗を開く親鸞もいた。

法然は四国に流された。後に帰京がかない、東山大谷で八十歳で没した。臨終の二日前、念仏の心得をまとめた「一枚起請文《いちまいきしょうもん》」を遺言として残している。

〇五四

【親鸞】阿弥陀さまさえ信じていれば救われる

浄土真宗の開祖である親鸞は一一七三年、藤原氏の血を引く日野有範《ひのありのり》の子として生まれた。九歳で出家し、比叡山で修行をした。

二十九歳で比叡山を下りる。京都の六角堂で修行中、聖徳太子の化身である救世《くぜ》観音が夢に現れ、「たとえ前世の業の結果、女性と交わりをもつことになろうとも、私が美女となってあなたの妻となり、一生お仕えして臨終には極楽に導こう」と告げたとされている。

その後、親鸞は法然のもとに赴き、忠実な弟子となって才覚を現した。しかし法然が四国に流罪となるとともに、親鸞は越後に流された。三十五歳のことであった。

越後で恵信尼《えしんに》と結婚する。当時、僧侶の妻帯はありえなかったが、先の聖徳太子のお告げに従い、「僧でもなく俗でもない」道を選んだのだ。

流罪の期間が終わると、妻とともに常陸国《ひたち》（現在の茨城）稲田に移り、念仏の教えを説き始めた。後に京都で著した『教行信証《きょうぎょうしんしょう》』はこの地でまとめられたようである。常陸で三十年余りを過ごした後、家族とともに京都へ戻る。

親鸞の弟子たちは関東で多くの寺院を開いていたが、教義をめぐる争いも多かった。親鸞は息子の善鸞《ぜんらん》に調整を任せたが、善鸞が異端に傾倒してしまったため、親子の縁を切った。妻とも離別しており、家庭は平穏ではなかったようだ。一二六

親鸞の波乱の生涯

たとえ前世の業の結果、
女性と交わりをもつことになろうとも、
私が美女となってあなたの妻となり、
一生お仕えして臨終には極楽に導こう

1173	京都に生まれる
1181	出家し、比叡山に入る（9歳）
1201	比叡山を下り、京都・六角堂で救世観音の言葉を聞く。法然の弟子となる
1207	弾圧を受け、法然らとともに流罪に。僧籍を剥奪され、越後に流される（35歳）。結婚し、子をもうける
1214	越後を出て、常陸で布教を開始
1247	京都に帰り、『浄土和讃』『高僧和讃』『正像末和讃』を執筆
1256	異端に傾いた息子との縁を切る
1262	入寂（90歳）

浄土真宗開祖
1173～1262

二年、娘らにみとられて九十歳で没した。

法然は「念仏を唱えれば救われる」と説いたが、親鸞はこれをさらに進めて「阿弥陀さまを信じるだけで救われる」とした。念仏を唱えるにせよ、功徳を積むにせよ、人間が努力して悟りに至ろうという「自力」を徹底的に排除する。阿弥陀さまはすべての人を救おうと誓ったのだから、余計なことはせずに信じていればよい。そして、すでに救われることは決まっているのだから、念仏は感謝の意味で唱えればよい。

親鸞は流刑や妻帯など波乱の人生を送り、自ら「愚かな凡夫」と称した。「自力」を信じる高慢な人間の愚かさを自覚していたからこそ、「他力」を強調する教えに至ったのであろう。

有名な「悪人正機《あくにんしょうき》説」（→九四頁）が記されている『歎異抄《たんにしょう》』は、没後三十年ほどたって弟子らによってまとめられたものである。

〇五五

【道元】「ひたすら座れ」と説いた曹洞宗の開祖

道元は一二〇〇年、内大臣《ないだいじん》・土御門通親《つちみかどみちちか》（源通親《みなもとのみちちか》、久我通親《くがみちちか》）の子として京都に生まれたとされている。幼い頃両親を失い、十三歳で比叡山に入った。天台教学を学ぶうちに、教えに疑問を抱くようになる。

人は生まれながらにして仏性（仏になる性質）をもっているという。それならなぜ修行をするのか。

しかし、そういった疑問に答える者はなく、わずか二、三年で比叡山を下りてしまう。

道元が訪ねたのが、臨済宗《りんざいしゅう》を開いた栄西《えいさい》だった。そして、二十四歳のとき、禅を本格的に学ぶために、栄西の弟子・明全《みょうぜん》に従って宋に渡る。

宋では天童山景徳寺で如浄《にょじょう》と出会い、弟子入り。ひたすら座禅を続ける「只管打坐《しかんたざ》」の修行に打ち込んだ。経を読んだり、念仏を唱えたり、礼拝したりといった儀礼には重きをおかず、ただ座り続けるのである。

あるとき、身も心もいっさいの束縛から解き放たれた体験を味わう。すなわち「身心脱落《しんしんだつらく》」の境地を得たのである。

宋に渡って四年後、道元は帰国した。かつて学んだ建仁寺《けんにんじ》に戻り、『普勧坐禅儀《ふかんざぜんぎ》』を著し、曹洞宗《そうとう》の禅を伝えようとした。しかし、比叡山の僧侶らの圧力により、京都の深草《ふかくさ》に移る。

道元は、悟りを得るために座禅をするのではな

道元の生涯

1200〜1253
鎌倉時代の禅僧。曹洞宗開祖

1200	京都に生まれる
1212	比叡山に入り（13歳）、天台教学を学ぶ
1215	比叡山を下りる
1217	建仁寺で栄西の弟子・明全に師事し、禅を学ぶ
1223	宋に渡る（24歳）
1225	天童山で如浄に出会い、師事
1227	「身心脱落」の境地に至り、帰国
1231	『正法眼蔵』執筆を始める
1244	越前に大仏寺（後の永平寺）を開く
1247	鎌倉に招かれ、北条時頼に授戒
1253	入滅（54歳）

く、本来悟っている存在であるから座禅ができるのだと説く。修行がすなわち悟りなのだ（修証一如《しゅしょういちにょ》）。これは身分や性別に関係なく、誰にでもできる修行である。当時世の中を覆っていた末法思想も、それゆえ流行していた浄土思想も否定し、無駄な心配をするより座禅に励めと説いた。

一二四三年、越前（福井）に移り、翌年、永平寺を開く。北条時頼に請われて鎌倉で布教をしたこともあったが、権力との結びつきを徹底して嫌う気風をもち、すぐに越前に帰って、座禅に精進した。一二五三年、五十四歳にして京都で没した。

道元は自らの教えの真髄を、生涯をかけて九十五巻からなる『正法眼蔵《しょうぼうげんぞう》』に著した。曹洞宗の根本経典となっている。そのエッセンスをまとめた『修証義《しゅしょうぎ》』も知られている。また道元は、精進料理のバイブル的存在である『典座《てんぞ》教訓《きょうくん》』『赴粥飯法《ふしゅくはんぽう》』も著している。

〇五六

【日蓮】日蓮宗の開祖。過激な改革派

日蓮は一二二二年、安房《あわ》（現在の千葉）小湊《こみなと》で漁師の子に生まれた。十六歳のとき、近所の清澄寺で出家、後に鎌倉や比叡山、高野山でも学ぶ。

基本的には天台宗の僧侶であったが、多くの仏典を読破し、あちこちを訪ね歩いて勉強を重ねるうちに、最澄が重視した『法華経』こそが真の経典であるとの確信に至る。

一二五三年、三十二歳のとき故郷に戻って日蓮宗を旗揚げした。海から昇る朝日に向かって「南無妙法蓮華経」と唱えたという。

日蓮は『法華経』の優越性を訴えるあまり、他の信仰はすべて邪教であると徹底的に批判した。「念仏無間《ねんぶつむげん》、禅天魔《ぜんてんま》、真言亡国、律国賊（念仏を唱えれば無間地獄に堕ち、禅は魔物の所行、真言宗は国を滅ぼし、律宗の僧侶は国賊）」と説いた「四箇格言」が知られている。

戦乱や天変地異が続くのは念仏や禅などの邪教がはびこっているからであると断じ、救われる道は『法華経』のみにあると主張した。そのためにはただ「南無妙法蓮華経」という題目をひたすら唱えればよいというわけだ。もちろん、他の宗派からは猛反発を受けた。

浄土信仰が来世での救いを説いたのに対し、日蓮は現世における救いを強調した。そのためには、『法華経』にもとづいた仏の国をこの世に実現させることが必要であり、国家として『法華経』を奉

日蓮の生涯と四大法難

1222	千葉県安房郡小湊に生まれる
1253	比叡山を下り、立教開宗を宣言（32歳）
1260	『立正安国論』を北条時頼に献じる。浄土教の信者に襲撃される（39歳） → 松葉谷法難
1261	布教を再開。捕らえられ → 伊豆法難
1264	浄土教の信者に襲撃される → 小松原法難
1271	龍口法難 佐渡へ流刑となる（50歳）
1274	赦免となり、身延山へ（53歳）。晩年を過ごす
1282	入滅（61歳）

1222～1282
鎌倉時代の僧侶。日蓮宗開祖

じなければならないと主張した。

日蓮は自らの主張を『立正安国論《りっしょうあんこくろん》』に著し、北条時頼に献じ、邪教を捨てよと迫った。幕府はこれを危険思想として弾圧。日蓮は伊豆に二年間流された。

流刑が終わり、安房に戻ると再び『立正安国論』を幕府に献じる。天変地異や蒙古による外患などの問題が起こっていたからである。今度は打ち首が決まった。しかし、このとき天から降りてきた光が処刑の刀を折ったという奇蹟が起こったと伝えられている。日蓮は難を逃れ、佐渡に流された。

その後も日蓮の信念は揺らぐことはない。鎌倉に戻った後、あらためて幕府を説得しようとするが、やはりかなわず、甲斐（山梨）の身延山《みのぶさん》に落ち着き、弟子の育成にあたった。

一二八二年、日蓮は健康を害し、六十一歳にして壮絶な人生の幕を閉じた。

【一休】「とんち小坊主」とは大違いの怪僧だった

〇五七

一休は室町時代の臨済宗の禅僧。これほど有名な僧侶はいないであろう。しかし、その本当の生涯についてはあまり知られていない。

出生についても謎が多いが、一説には後小松《ごこまつ》天皇の落胤《らくいん》とされている。政争に巻き込まれるのを避けるため、六歳で安国寺に入れられた。

十七歳のとき安国寺を離れ、西金寺《さいこんじ》の謙翁宗為《けんおうそうい》の弟子となる。一休は謙翁を慕っていたようで、師が没した折、自殺未遂を起こしている。

その後、大津の禅僧・華叟《かそう》の弟子となり、厳しい修行を続けた。禅の公案（課題）に対して「うろじよりむろじへ帰る　一休み　雨降らば降れ　風吹かば吹け」――人生とは、この世からあの世へと向かう、束の間の休み。雨が降ろうが風が吹こうが、大したことはない――と答えたところから「一休」の名を授かった。二十七歳のとき、深夜に琵琶湖畔で座禅をしていて、カラスの鳴き声を聞いた瞬間に悟りに至ったという。

華叟亡き後、一休は寺を出て庶民の中で過ごした。各地を行脚して説法をし、歌を詠み画を描く、風狂の生活を送った。

三十四歳のとき、実父・後小松天皇と初めて会っている。

アニメなどで有名な「とんち小坊主」のエピソードは江戸時代以降の創作が多い。しかし、とんち話につながる常識を超えた自由奔放な行動は

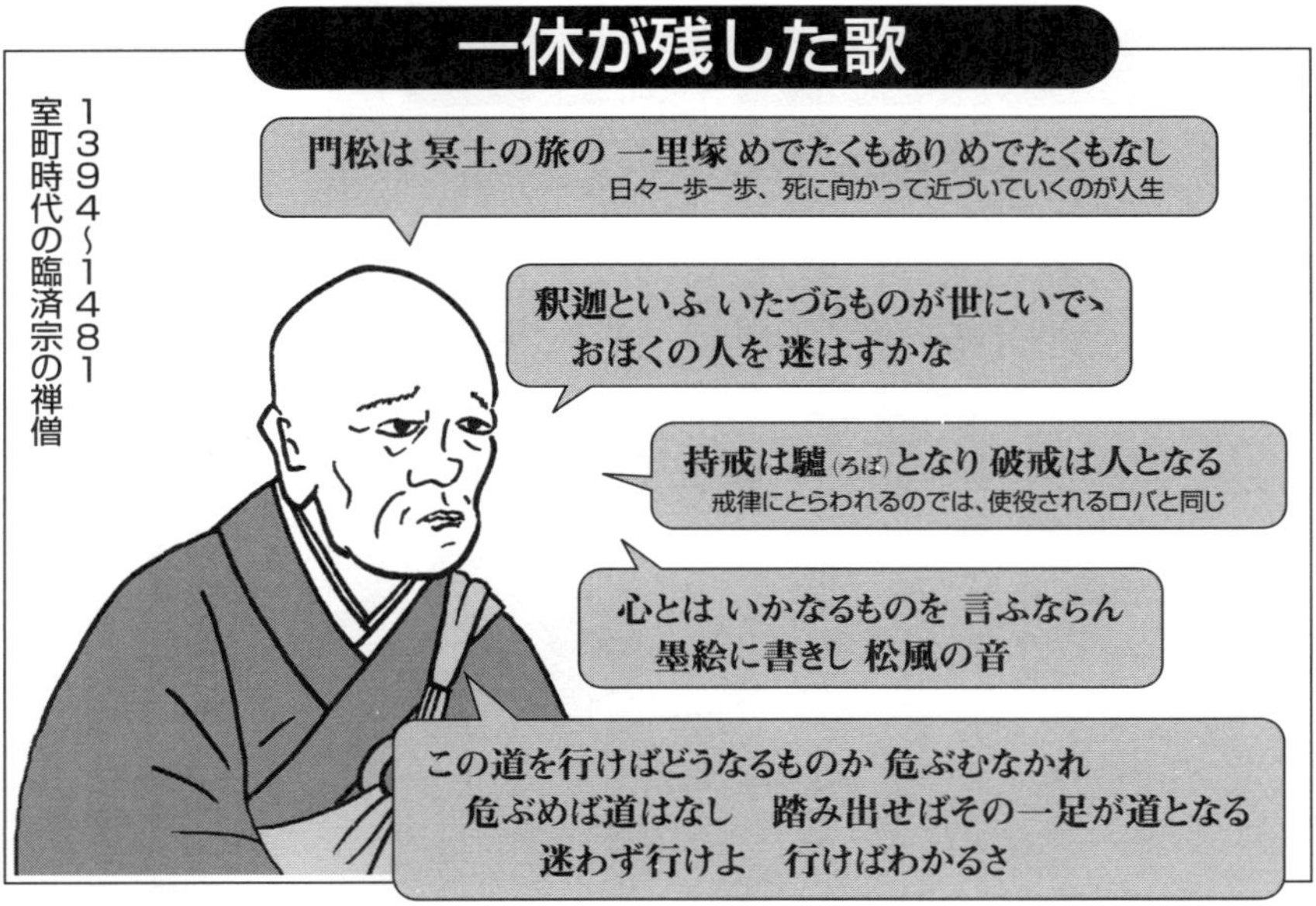
一休が残した歌
1394～1481
室町時代の臨済宗の禅僧
門松は 冥土の旅の 一里塚 めでたくもあり めでたくもなし
日々一歩一歩、死に向かって近づいていくのが人生
釈迦といふ いたづらものが世にいでゝ
おほくの人を 迷はすかな
持戒は驢（ろば）となり 破戒は人となる
戒律にとらわれるのでは、使役されるロバと同じ
心とは いかなるものを 言ふならん
墨絵に書きし 松風の音
この道を行けばどうなるものか 危ぶむなかれ
危ぶめば道はなし　踏み出せばその一足が道となる
迷わず行けよ　行けばわかるさ

数々知られている。

酒は飲むし、肉は食う。子どももいた。師匠から授かった悟りの証明書を燃やしてしまったこともある。形骸化・権威化した仏教への批判であるとも解釈されている。

五十三歳のときには、大本山である大徳寺の派閥争いに失望し、断食死を試みたが、御花園天皇からの親書で思いとどまっている。

七十六歳にして、二十代の盲目の旅芸人と恋に落ち、その後、亡くなるまで酬恩庵《しゅうおんあん》（一休寺）でともに暮らしている。

晩年、天皇の命により大徳寺の住職となった。寺には住まなかったものの、その人気で大徳寺復興に貢献した。そして八十八歳、酬恩庵で没した。亡くなる間際「どうしても必要になったら開けなさい」と弟子たちに残した手紙には、「心配するな。何とかなる」と書かれていたという。

【一遍】時宗の開祖。「お札」と「踊り念仏」で布教

〇五八

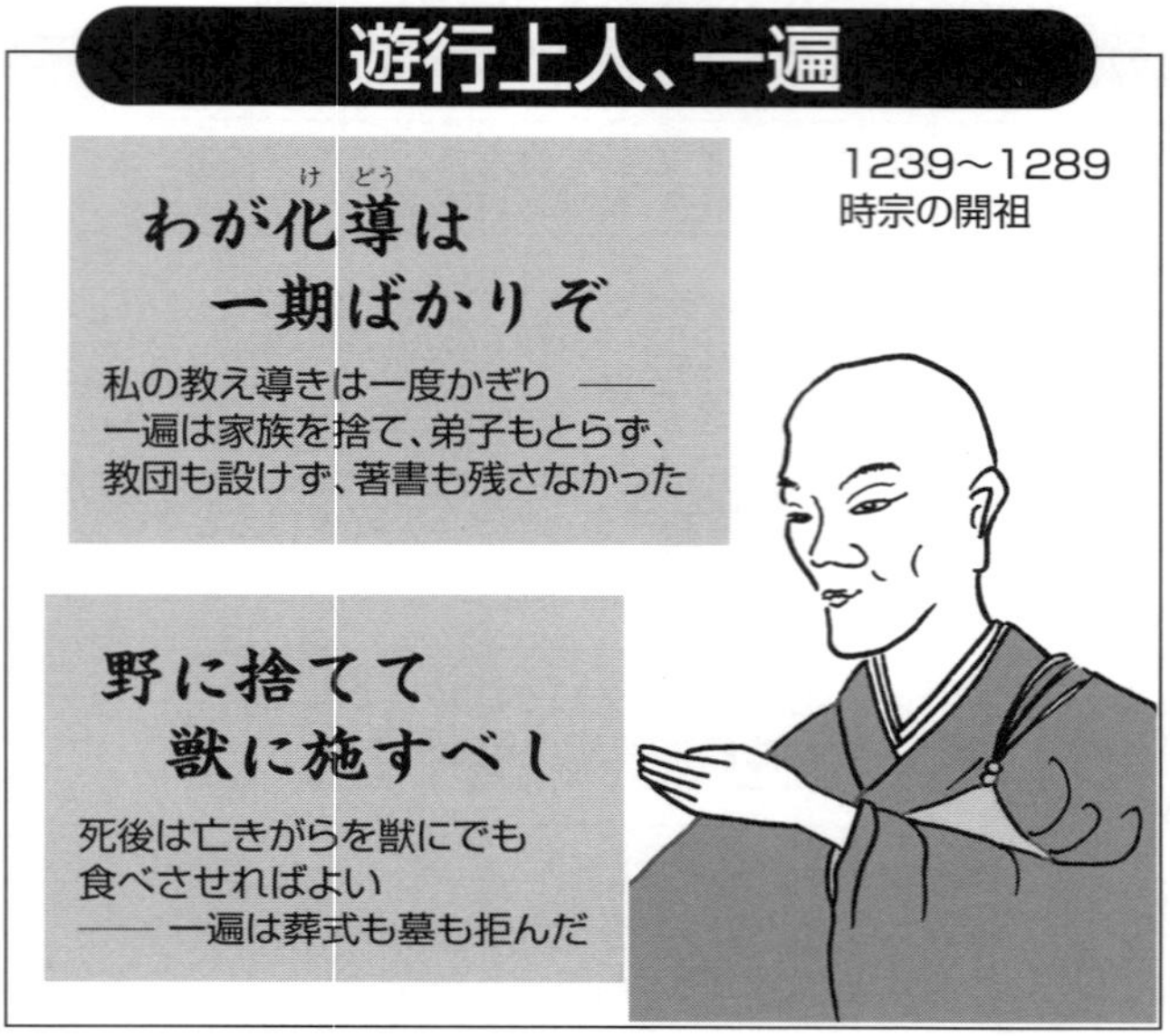
遊行上人、一遍
1239～1289
時宗の開祖
わが化導《けどう》は
一期ばかりぞ
私の教え導きは一度かぎり ――
一遍は家族を捨て、弟子もとらず、
教団も設けず、著書も残さなかった
野に捨てて
獣に施すべし
死後は亡きがらを獣にでも
食べさせればよい
―― 一遍は葬式も墓も拒んだ

時宗の開祖・一遍《いっぺん》は、一切を捨てて諸国を巡ったことから「捨聖《すてひじり》」「遊行上人《ゆぎょうしょうにん》」と呼ばれる。「南無阿弥陀仏」のお札を配る「賦算《ふさん》」という布教のスタイルを生み出したことで知られている。今風に言えばビラ配りだ。

遊行するうちに、一遍を慕って続く人々（時衆）が現れるようになった。そして、一度の念仏によって極楽往生できる喜びを踊りによって示す「踊り念仏」も取り入れた。これは盆踊りの起源とも言われている。

一遍は寺も構えず、著書もなく、ひとりの弟子もとらなかったが、親鸞《しんらん》によって広まった念仏を、さらに社会の最下層の人々にまで広めた。

○五九

【蓮如】手紙による「通信布教」で本願寺を再興

平易な言葉で庶民を導く

1415〜1499
本願寺中興の祖

朝には紅顔ありて
夕には白骨と
なれる身なり

――御文章五帖目十六通
『白骨の章』より

蓮如は信者にたびたび手紙を書き、浄土真宗の教えをやさしい言葉で説いた。後に弟子たちによって収集され、現在も読まれている。

親鸞が没した後、浄土真宗そのものは広まったものの、本願寺はふるわなかった。本願寺を再興したのが八代目法主・蓮如《れんにょ》である。

蓮如は七代目法主・存如《ぞんにょ》の長男であるが、母は叔父の下女で、蓮如が幼い頃、姿を消した。蓮如は十五歳にして本願寺再興を決意したとされる。

四十三歳で法主となった蓮如は、各地を巡って精力的に布教に努めるかたわら、門弟や信者にわかりやすく教えを説いた手紙「御文《おふみ》」（または「御《ご》文章《ぶんしょう》」）を書き続けた。いわば「通信布教」である。こうして信徒を増やしていき、本願寺を見事に再建。五人の妻との間に十三男十四女をもうけ、八十五歳で没した。

〇六〇

【玄奘】「西遊記」はどこまで本当？

玄奘《げんじょう》といえば『西遊記』の「三蔵法師」として知られている。孫悟空《そんごくう》、沙悟浄《さごじょう》、猪八戒《ちょはっかい》をおともにしたかどうかはともかく、天竺《てんじく》（インド）にお経を取りに行った唐代初期の僧侶である。

玄奘は兄のいた洛陽《らくよう》の寺で十三歳で出家し、後に長安《ちょうあん》（今の西安《せいあん》）の大覚寺で仏教を学ぶようになったが、多くの疑問を解決することができなかった。本場インドで学ばなければダメだと結論したものの、当時、唐では国外への旅行は禁止されていた。しかし、六二九年、玄奘は国禁をおかして求法の旅に出た。

タクラマカン砂漠を越え、天山山脈を越え、パミール高原を経由してはるばるインドに入る。『西遊記』さながらに厳しい旅である。

インドでは最大の仏教僧院だったマガダ国のナーランダ僧院で五年間学んだ。シーラバドラ（戒《かい》賢《けん》）の弟子となり思う存分、勉学に励んだことであろう。

さらに玄奘はインド各地を旅して仏教のさまざまな教えを学んだ。そして、サンスクリット語の経典六百五十七部、仏舎利《ぶっしゃり》百五十粒などを携えて、往路とは別ルートをたどり、六四五年に長安に帰還した。実に十六年間に及ぶ大旅行であった。

長安では唐の皇帝・太宗《たいそう》の歓迎を受け、玄奘は旅行記『大唐西域記《だいとうさいいきき》』を編さんした。これをもとに後に明の時代に編まれた冒険物語が『西遊記』

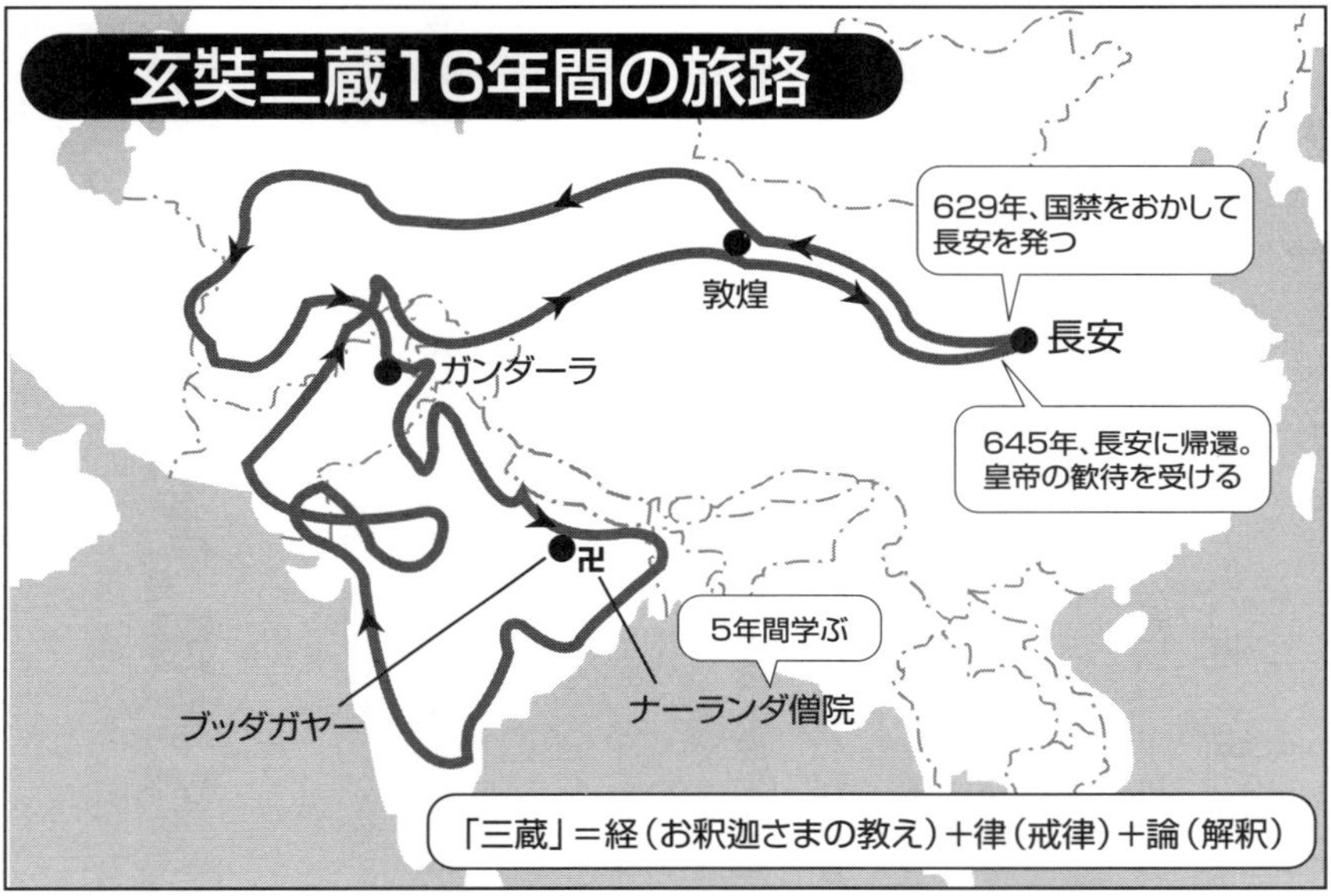

である。

玄奘がインドから持ち帰った経典を翻訳するために国家プロジェクトがつくられ、大慈恩寺《だいじおんじ》が建てられた。さらに経典を納めるために大雁塔《だいがんとう》が建立された。

帰国後の玄奘はインドから持ち帰った経典の翻訳に専念した。かつてのクマーラジーヴァ（鳩摩《くま》羅什《らじゅう》）らの漢訳経典を旧訳、玄奘によるものを新訳と呼ぶ。玄奘が二十年間かけて翻訳した経典は『大般若波羅蜜多経《だいはんにゃはらみたきょう》』六百巻など千三百三十五巻に及ぶ。

なお、「三蔵《さんぞう》」というのは固有名詞ではない。経（お釈迦さまの教え）、律（戒律）、論（お釈迦さまの教えの解釈）を合わせて「三蔵」と呼び、三蔵に通じた僧侶を一般に「三蔵法師」と呼ぶ。しかし、玄奘があまりに有名になったため、三蔵法師といえば玄奘を指すようになったのだ。

○六一

【達磨】中国に禅を伝え、日本で「だるまさん」になった

願掛けでお馴染みの「だるま」は、中国に禅を伝えたとされる達磨《だるま》大師に由来する。実在の人物ではあるが、その生涯は伝説に満ちている。

南インド・カンチープラム（現在のチェンナイ、マドラス近く）の王子に生まれたボーディダルマ（菩提達磨《ぼだいだるま》）は六世紀初頭、海路で中国南部に渡って禅の教えを伝えた。梁の国の武帝に招かれて教えを説いたが、その教えが武帝の好むものではなかったため北魏の国に向かい、後に少林寺拳法で有名になる嵩山《すうざん》少林寺で修行に打ち込んだ。

このとき九年間も座禅を続けたため、手足が腐ってしまったという伝説ができ、後に縁起物の「だるま」の姿になったとされる。

達磨大師は中国禅宗の祖師とされ、禅のエッセンスが詰まった四聖句をのこした。「不立文字《ふりゅうもんじ》」「教外別伝《きょうげべつでん》」「直指人心《じきしにんしん》」「見性成仏《けんしょうじょうぶつ》」には、経典に書かれた教義を研究し理屈をこねるよりも、座禅を実践することによって直接真理に到達しようという達磨の思想が込められている。

達磨は一番弟子の慧可《えか》に教えを伝えた後、百五十歳で没したとされている。慧可は、自分の腕を切り取って弟子入りの決意を表わしたという逸話で知られている。

聖徳太子が救った飢えた異人が達磨大師の化身であったという説話があり、その場所（奈良県王子町）に達磨寺が建てられた。

禅のエッセンス——達磨の「四聖句」

達磨大師とは?

- 南インドのカンチープラム(香至国)の第三王子に生まれたボーディダルマ
- 6世紀初頭、中国南部に渡って禅の教えを伝えた。以後、禅宗の始祖・菩提達磨の名で知られる
- 六朝時代、梁の武帝に教えを請われるが理解されず、嵩山少林寺で9年間座禅に打ち込む
- 弟子の慧可に教えを伝え、帰国の途中で没したと伝えられる

日本で願掛けに使う「だるま」は、9年間の座禅の末、手足が腐ってしまったという伝承にもとづく

不立文字《ふりゅうもんじ》

経典などの文字にとらわれず、座禅によって真理を直接体験することが重要である

教外別伝《きょうげべつでん》

文字や言葉に頼らず、心から心へ直接伝えられることの中に重要な教えがある

直指人心《じきしにんしん》

あれこれ考えずに、座禅によって自らの心を直接見つめることが大切である

見性成仏《けんしょうじょうぶつ》

自らの中に本来備わっている仏の性質に気づき、出会うことを通して悟りに至ることができる

【鑑真】戒律を授けるために十二年かけて日本に来た　〇六二

奈良時代、聖武天皇は平城京に東大寺を建て、仏教による国家の統一を目指していた。仏教には僧侶の存在が欠かせないのは言うまでもないが、僧侶になるためには、お釈迦さまの時代から伝えられてきた戒律を、しかるべき僧侶から授かることが必要だ。しかし、当時の日本にはまだ戒律を授けることができる者がいなかった。

当初の僧侶たちは、戒律を授かるために百済《くだら》や中国に渡った。しかし、航海は危険であるし、時間もかかりすぎる。本格的な仏教国を目指すには、国内で戒律を授かるのが理想である。

そこで、聖武天皇は、唐から戒律を授けられる僧侶に来日してもらうよう、ふたりの僧侶を派遣した。この願いを受けたのが、戒律の専門家であった高僧・鑑真《がんじん》である。七四二年、五十五歳のときであった。

玄奘《げんじょう》の場合と同様、唐から国外への旅行は禁止されていたため密航を企てる。しかし、失敗の連続だった。

一度目は出発前に密告された。鑑真は当時、高僧になっており、多くの門徒が出国に反対していたのだ。

二度目は暴風に遭い、引き返さざるをえなくなった。

三度目も出国を思いとどまらせようという門徒らに引き留められて断念した。

鑑真12年目の渡日

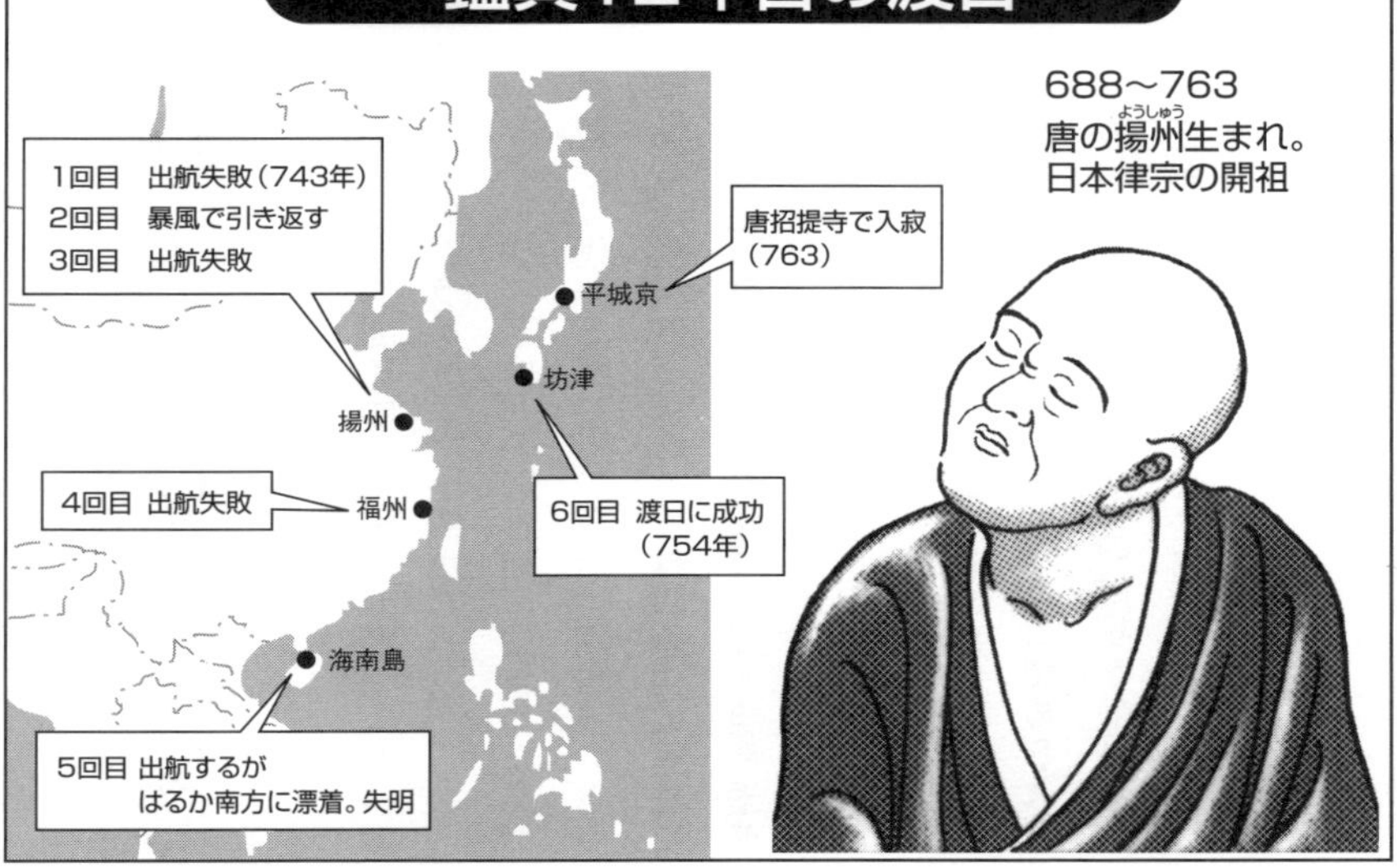

四度目も弟子が密告したため、失敗した。

五度目は出航することができ、風待ちをするなど念入りに航海を進めたものの、暴風雨に遭って漂流。中国南部の海南島に流れ着いた。その後、鑑真は視力を失うという不幸にも見舞われる。

しかし、鑑真は渡日をあきらめなかった。

六度目の挑戦は七五三年。遣唐使の帰国便に潜り込むことができた。再び暴風に遭いながらも、薩摩《さつま》に無事到着。渡日の決意から十二年目の七五四年、ようやく日本にたどり着いたのだ。

鑑真は正式に戒律を授ける施設、戒壇を東大寺に設けた。これほどまでの苦難に遭いながら志を貫いたのは、鑑真が戒律の大切さを知っていたからだろう。鑑真のおかげで日本の仏教はようやく第一歩を踏み出すことができた。

その後、鑑真は唐招提寺《とうしょうだいじ》の住職となり、七六三年、七十六歳で波乱の人生の幕を閉じた。

コラム 4

現代の名僧、チベットのダライ・ラマ十四世

現在、世界で最も有名な仏教の僧侶といえば、チベットのダライ・ラマ十四世だろう。

ダライ・ラマとは、十四世紀に始まった高僧の系譜で、代々チベットの政治・宗教上のトップである。世襲制ではなく、輪廻転生の思想によって「生まれ変わり」が後を継ぐ。世界遺産に登録されている「ポタラ宮殿」が歴代ダライ・ラマ法王の居城である。

十四世は、現在の中国青海省の農家に生まれ、四歳の頃、ダライ・ラマ十四世と認められた。チベットが中華人民共和国の侵攻を受けると、一九五九年にインドに逃れて亡命政府を樹立した。当時二十四歳だったが、すでに七十歳を迎える現在も、北インドのダラムサラという町に拠点を置く亡命中の身である。

ダライ・ラマ十四世はチベット仏教の最高指導者として世界中を飛び回って仏教行事を催すとともに、チベットの指導者として、今なお中国が抱える民族問題のひとつ「チベット問題」を訴えてきた。

世界中で民族問題がテロリズムに結びつく一方で、ダライ・ラマは徹底した「非暴力主義」を主張。一九八九年にはノーベル平和賞を受賞した。近年たびたび来日しており、ファンも増えてきたが、アメリカではスピーチに十万人規模の聴衆が集まるほど人気がある。

第五章
仏像からのメッセージ
寺めぐりの楽しみ方

【伽藍】
それぞれの建物には意味がある

〇六三

お寺の建物を一般に「伽藍《がらん》」と呼ぶ。サンスクリット語の「サンガーラーマ」を漢字で音写した「僧伽藍」を略したものだ。広くて何もない様子を表わす「がらんどう」、「電車ががらがらだ」という「がらがら」も「伽藍」に由来する。

もともと伽藍の完全な形は「七堂《しちどう》伽藍」という言葉で表わされた。一般に金堂、講堂、僧坊、食堂、経蔵、鐘楼、仏塔を指す。

金堂はご本尊の仏像を祠《まつ》った、お寺のメインとなる建物。本堂とも呼ばれる。浄土宗系のお寺なら阿弥陀《あみだ》堂がこれにあたる。

講堂はお坊さんたちがお経を読んだりする建物。

僧坊はお坊さんたちが寝起きをする生活の場。

食堂は文字通り食事をする建物。

経蔵はお経を納めておく建物。

鐘楼は時を告げる梵鐘《ぼんしょう》のある建物。

仏塔は仏舎利を納める塔である。三重塔や五重塔も仏塔だ。

もちろん、これらがすべて備わっていることはあまりない。逆に、真言宗の灌頂《かんじょう》堂や大師堂、禅宗の座禅のための僧堂、観音堂などの特定の神仏を祠るお堂がつけ加えられることもある。

お寺の敷地のうち山門の内側は「境内《けいだい》」と呼ばれ、仏の国を表わしている。草花や池を整えた庭園で極楽浄土を模すなど、お寺ごとに趣向を凝らした「演出」も寺めぐりの楽しみである。

伽藍の配置

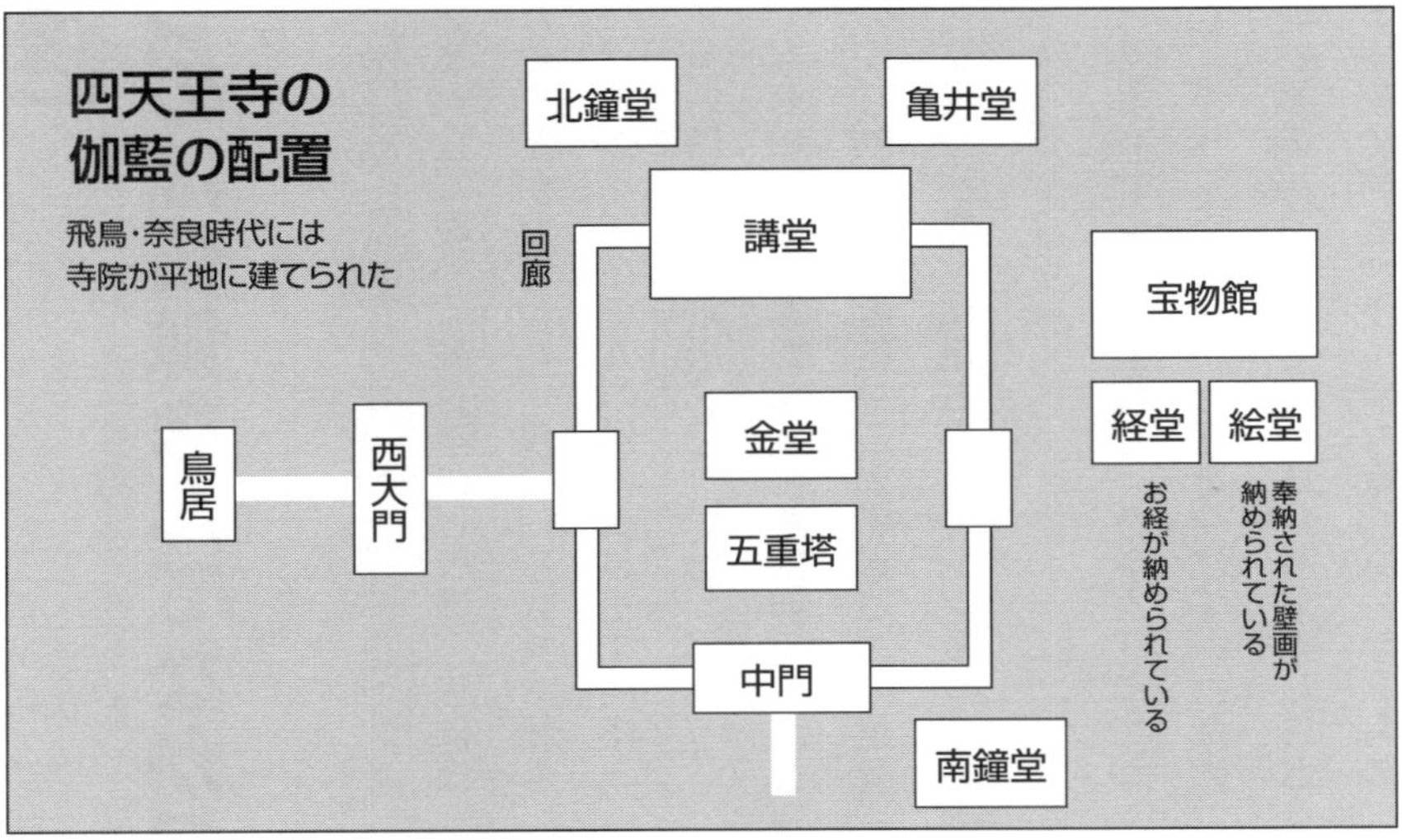
四天王寺の
伽藍の配置
飛鳥・奈良時代には
寺院が平地に建てられた
北鐘堂
亀井堂
講堂
回廊
宝物館
鳥居
西大門
金堂
五重塔
経堂
絵堂
お経が納められている
奉納された壁画が納められている
中門
南鐘堂

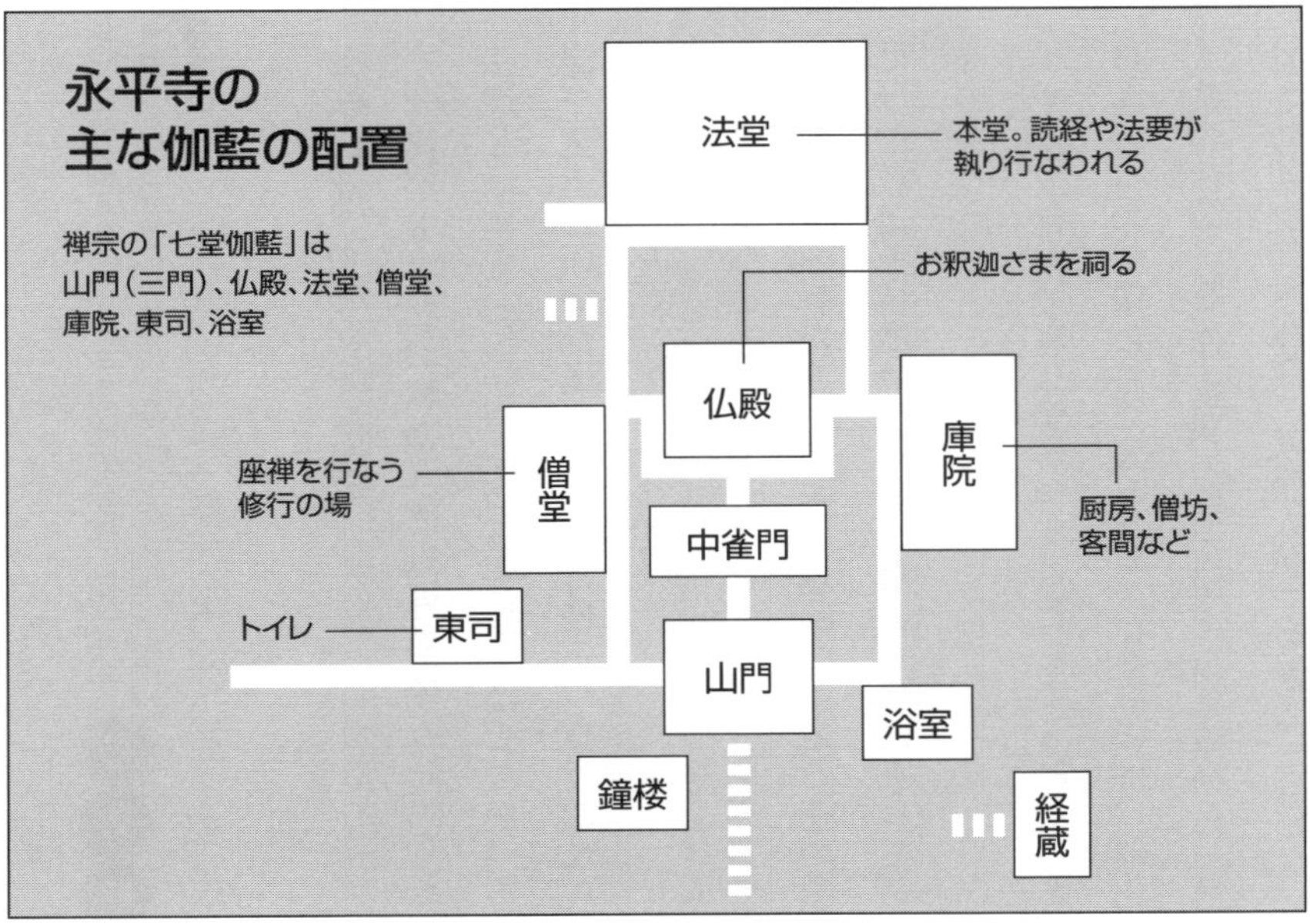
永平寺の
主な伽藍の配置
法堂
本堂。読経や法要が
執り行なわれる
禅宗の「七堂伽藍」は
山門（三門）、仏殿、法堂、僧堂、
庫院、東司、浴室
お釈迦さまを祠る
仏殿
庫院
座禅を行なう
修行の場
僧堂
厨房、僧坊、
客間など
中雀門
トイレ
東司
山門
浴室
鐘楼
経蔵

【仏像】はじめは仏像なんてなかった

〇六四

今でこそお寺に仏像があるのは当たり前だが、お釈迦さまが亡くなって五百年ほどの間、仏像はつくられたことがなかった。現代のイスラム教もそうだが、神聖な存在を人の形で表わして礼拝の対象にする偶像崇拝が否定されていたからだ。

それでもお釈迦さまを偲ぶ気持ちは抑えられなかったのか、初期の仏教徒は、お釈迦さまの遺骨を納めた仏塔や法輪、仏足石などのシンボルを礼拝の対象としていた。

初めての仏像は紀元一世紀頃、ガンダーラでつくられた。ギリシャ文化の影響を受けていたため、ヨーロッパ風の出立ちをしている。わずかに遅れてインド中部のマトゥラーでも東洋風の顔立ちのお釈迦さまの像がつくられた。

時代が下るとお釈迦さま以外の像も登場した。仏像とは本来「仏」の像のみを指すはずだが、菩薩や明王といった像も崇拝の対象となり、これらを総称して仏像と呼んでいる。

日本に仏像が伝えられたのは、百済から仏教が初めて伝えられた五三八年とされている。その頃には、教えと仏像は切り離せないものになっていたのだろう。

やがて日本でも仏像がつくられるようになった。日本最古の仏像として残されているものは、帰化人系の仏師・鞍作止利《くらつくりのとり》の作と伝えられる奈良・飛鳥寺の釈迦如来座像（飛鳥大仏）である。

崇拝の対象の変化

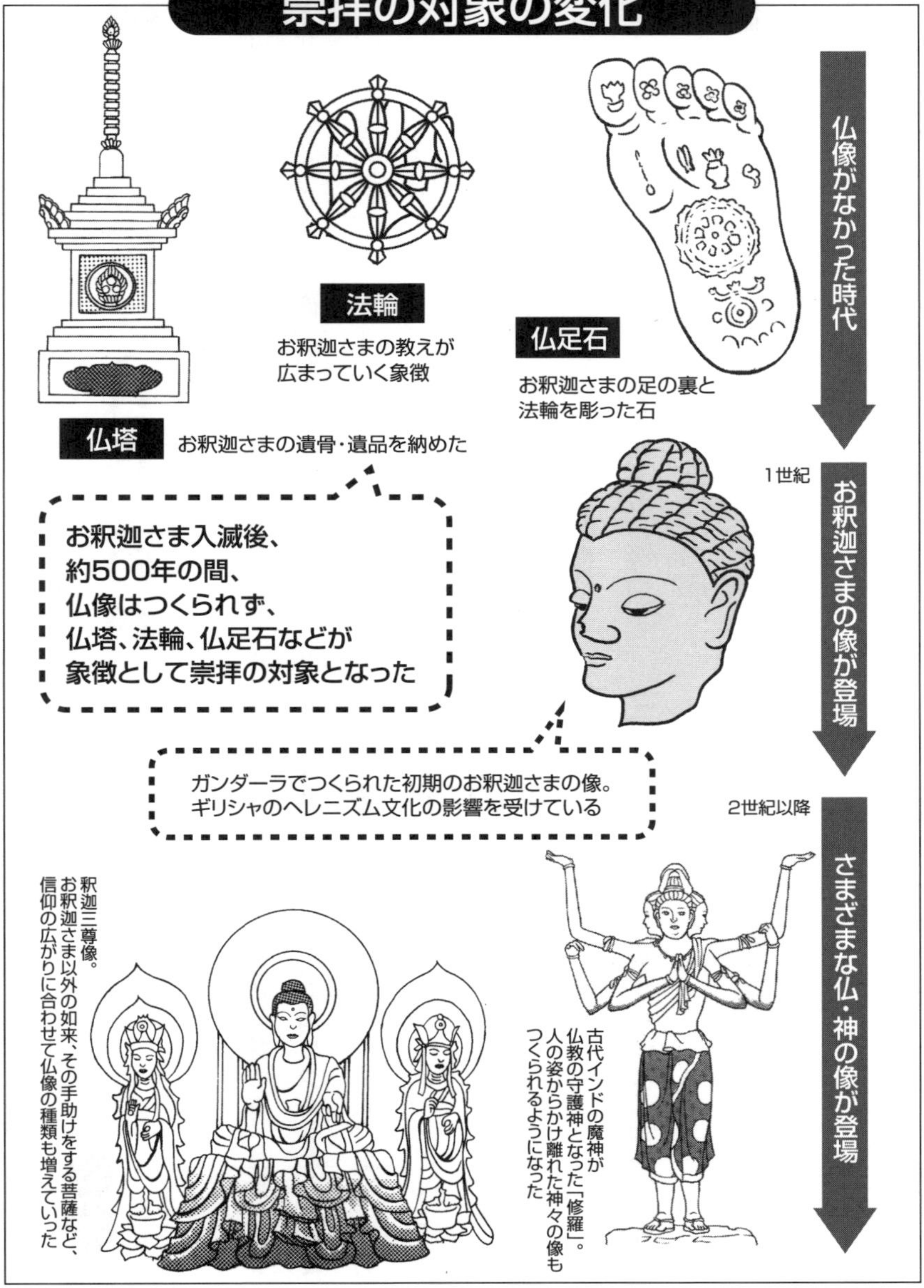
仏像がなかった時代
法輪
お釈迦さまの教えが
広まっていく象徴
仏足石
お釈迦さまの足の裏と
法輪を彫った石
仏塔
お釈迦さまの遺骨・遺品を納めた
お釈迦さま入滅後、
約500年の間、
仏像はつくられず、
仏塔、法輪、仏足石などが
象徴として崇拝の対象となった
1世紀
お釈迦さまの像が登場
ガンダーラでつくられた初期のお釈迦さまの像。
ギリシャのヘレニズム文化の影響を受けている
2世紀以降
さまざまな仏・神の像が登場
釈迦三尊像。
お釈迦さま以外の如来、その手助けをする菩薩など、
信仰の広がりに合わせて仏像の種類も増えていった
古代インドの魔神が
仏教の守護神となった「修羅」。
人の姿からかけ離れた神々の像も
つくられるようになった

【大仏】何のためにつくられたのか

〇六五

奈良・東大寺のいわゆる「奈良の大仏」は毘盧《びる》遮那仏《しゃなぶつ》という仏さまの座像である。聖武天皇の号令で七四五年に建立がスタートし、七五二年に開眼供養（魂を入れる儀式）が行なわれた。高さは約一四・七メートル。見上げると、つくった人々の情熱が押し寄せてくるような迫力を感じる。

聖武天皇は法華教にもとづく仏の国をこの世につくろうという思いで大仏建立を発願するに至ったとされている。天然痘が猛威を振るい、飢饉、大地震、そして政争と社会不安の絶えない時勢であり、国を安寧に導きたかったのであろう。

大仏建立にあたっては、法相宗の僧侶・行基が大きく貢献している。行基は勝手に寺を離れて布教活動をするなど弾圧の対象となっていたが、民衆の人気は絶大。道路や橋をつくるといった社会事業も活発に行なっていた。聖武天皇は行基の行動力を通じて民衆の寄付や労働力を利用して大仏を完成させた。行基は後に大僧正に任じられている。開眼供養会はインド僧の菩提僊那《ぼだいせんな》が執り行ない、一万人の僧侶が参加した。巨大国家プロジェクトとして民衆の心をひとつにまとめる効果も絶大だっただろう。

その後、大仏は各地に建てられ、鎌倉大仏（阿弥陀如来）、兵庫大仏（毘盧遮那仏）などが知られている。岩壁に彫った大仏は中国などに見られるが、日本のように平地につくる例はあまりない。

意外に多い！ 日本は大仏列島!?

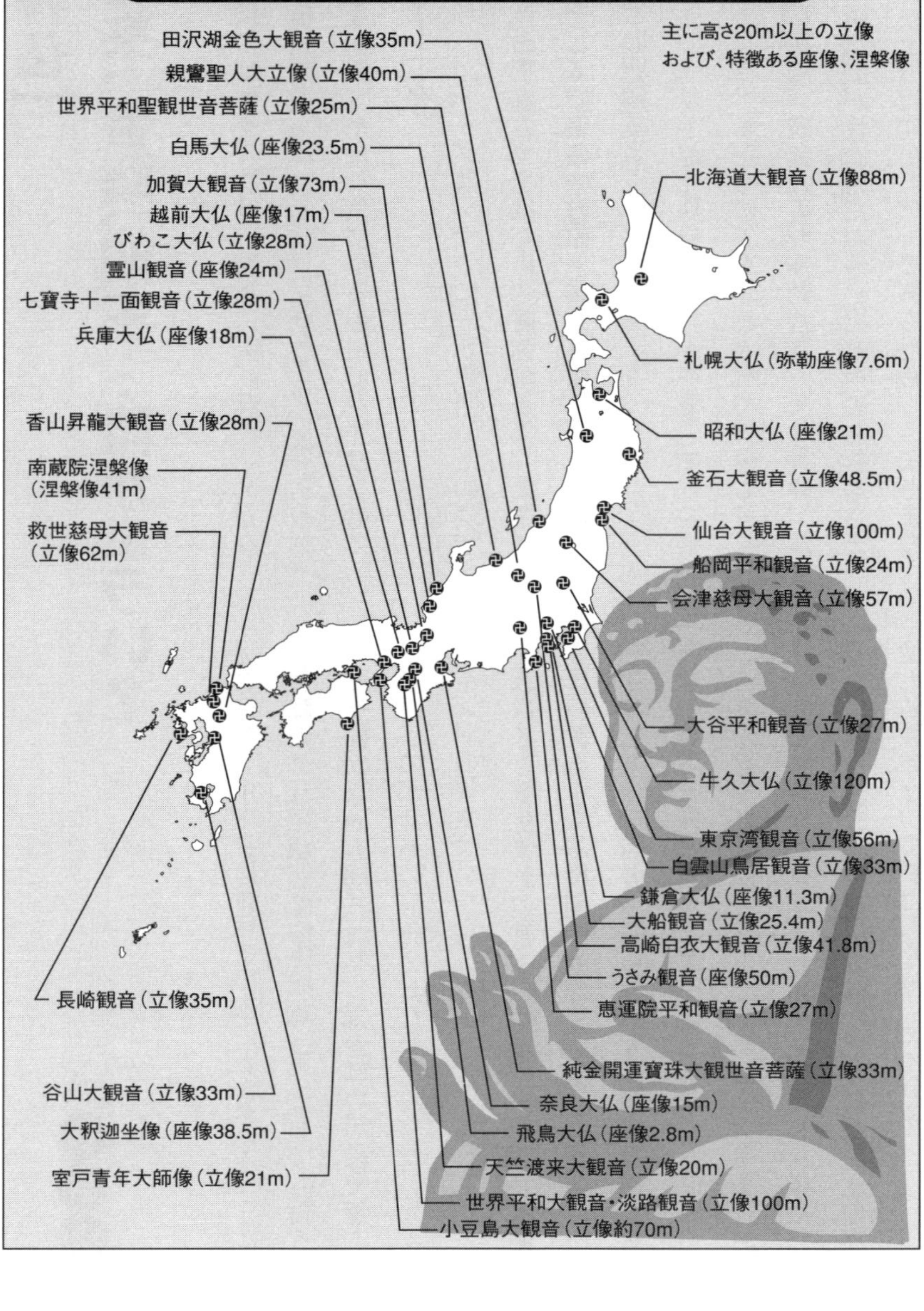
主に高さ20m以上の立像
および、特徴ある座像、涅槃像
田沢湖金色大観音（立像35m）
親鸞聖人大立像（立像40m）
世界平和聖観世音菩薩（立像25m）
白馬大仏（座像23.5m）
加賀大観音（立像73m）
越前大仏（座像17m）
びわこ大仏（立像28m）
霊山観音（座像24m）
七寶寺十一面観音（立像28m）
兵庫大仏（座像18m）
香山昇龍大観音（立像28m）
南蔵院涅槃像
（涅槃像41m）
救世慈母大観音
（立像62m）
長崎観音（立像35m）
谷山大観音（立像33m）
大釈迦坐像（座像38.5m）
室戸青年大師像（立像21m）
北海道大観音（立像88m）
札幌大仏（弥勒座像7.6m）
昭和大仏（座像21m）
釜石大観音（立像48.5m）
仙台大観音（立像100m）
船岡平和観音（立像24m）
会津慈母大観音（立像57m）
大谷平和観音（立像27m）
牛久大仏（立像120m）
東京湾観音（立像56m）
白雲山鳥居観音（立像33m）
鎌倉大仏（座像11.3m）
大船観音（立像25.4m）
高崎白衣大観音（立像41.8m）
うさみ観音（座像50m）
恵運院平和観音（立像27m）
純金開運寶珠大観世音菩薩（立像33m）
奈良大仏（座像15m）
飛鳥大仏（座像2.8m）
天竺渡来大観音（立像20m）
世界平和大観音・淡路観音（立像100m）
小豆島大観音（立像約70m）

【神仏】如来、菩薩、明王…誰がエラい？

〇六六

仏像には如来、菩薩、明王、天、羅漢《らかん》、高僧などの種類がある。いったい誰がエラいのだろう。失礼ながら、やはり気になるのでハッキリさせておきたい。

もちろんトップは、すでに悟りを開いた如来である。お釈迦さまをはじめ、阿弥陀さま、薬師さま、そして如来の中の如来が大日如来だ。姿はほとんどお釈迦さまと同じである。

悟りの一歩手前で修行中なのが菩薩。如来の補佐役として、私たちに手を差しのべて救済してくれる存在だ。観音菩薩や弥勒菩薩、文殊菩薩、地蔵菩薩などが代表格だろう。出家前のお釈迦さま、つまり王子時代がモデルであるため、さまざまなアクセサリーを身に付けていることが多い。

菩薩のように慈悲で浄土へ導こうとしても言うことを聞かない人間に対し、荒っぽい手段で導こうというのが忿怒《ふんぬ》の形相をした明王たちだ。元々はインドの神さまだった。

天はインド生まれの神々のことであり、お釈迦さまの教えを守る役割をもっている。お寺の山門を守る仁王様、四方を固める四天王が代表格である。帝釈天や弁財天などもお馴染みだ。

ここから先は人間である。羅漢や十大弟子はお釈迦さまの教えによって高い境地に達した者たち。そして、弘法大師や達磨《だるま》大師といった歴史上の高僧も仏像となって私たちを導いてくれる。

仏像ランキング

如来

お釈迦さまをはじめ、すでに悟りを開いた存在。仏さま。
それぞれの仏国土に住んでいる。質素な出立ちが特徴

釈迦如来	お釈迦さま。すべての如来像の基本
阿弥陀如来	西方極楽浄土に住む。浄土宗系ではご本尊
薬師如来	東方浄瑠璃世界に住む。病を癒す
毘盧遮那如来	蓮華蔵世界に住む。真理そのものを象徴
大日如来	如来の中の王さま的存在。密教を説く

菩薩

悟りに至る一歩手前。如来の補佐役を担い、衆生に救済の手を
差しのべる。王子時代のお釈迦さまがモデル

観音菩薩	慈悲の菩薩。阿弥陀如来の補佐役。十一面、千手、馬頭など
弥勒菩薩	はるか未来にこの世に現れ悟りを開く
地蔵菩薩	弥勒菩薩が現れるまでの間、救いの手を差しのべる
文殊菩薩	智慧の菩薩。煩悩を断つ剣を持つ
普賢菩薩	女性の往生を約束する。白象に乗っている

明王

インド生まれの神々。忿怒の形相で衆生を真理へと導く

不動明王	護摩を焚くときのご本尊
愛染明王	愛欲を悟りのエネルギーに変える
孔雀明王	雨乞いや魔除けに活躍する女神。孔雀に乗っている

天

特定の如来や菩薩、仏教を守る神々

梵天、帝釈天、四天王、吉祥天、弁財天、鬼子母神、大黒天、仁王など

羅漢

お釈迦さまの教えに従って高い境地に達した修行者たち

十六羅漢、五百羅漢

仏弟子

お釈迦さまから教えを受けた弟子たち。主に十大弟子（→p.26）

アーナンダ、シャーリプトラほか

高僧

宗派の開祖など、仏教の歴史上、活躍した高僧たち

達磨、玄奘三蔵、鑑真、最澄、空海、法然、親鸞、道元、日蓮など

【如来とは？】三十二の目印がある

〇六七

如来とは「如（真理）から来た者」のこと。悟りを開き真理の世界に達したものの、私たちを救うためにこの世に現れた仏たちだ。

もともとはお釈迦さまひとりだけだったが、過去にもいる、未来にもいる、別の世界にもいる、それらを統括する仏もいる……という具合に増えていった。仏＝如来と考えてよい。

如来の仏像はお釈迦さまの姿をモデルにしている。衣服は質素であり、ほとんど何も持っていない。さらに頭に特徴がある。大仏の頭でお馴染みの、パンチパーマ状の髪型だ。これは「螺髪《らほつ》」と呼ばれており、すべて右巻きになっている。

そして、頭のてっぺんが盛り上がっている。何かを詰めているわけではない。「肉髻《にっけい》」と呼ばれ、生まれたときからそうだったのだ。

眉間にはホクロ状のものがある。これは「白毫《びゃくごう》」と呼ばれ、右巻きの毛の塊だ。

手足は見にくいかもしれないが、指の間に水かきがある。私たちを救おうというときに、すくい漏らしがないようにというわけだ。また、足の裏は扁平足で、法輪の紋様がある。

如来にはこうした身体的な特徴が三十二あるとされ（三十二相）、もちろん、お釈迦さまはすべて備えていた。

また、長く伸びた耳たぶには、王子さまだった時代にピアスを通した穴が空いている。

如来像がもつ主な特徴

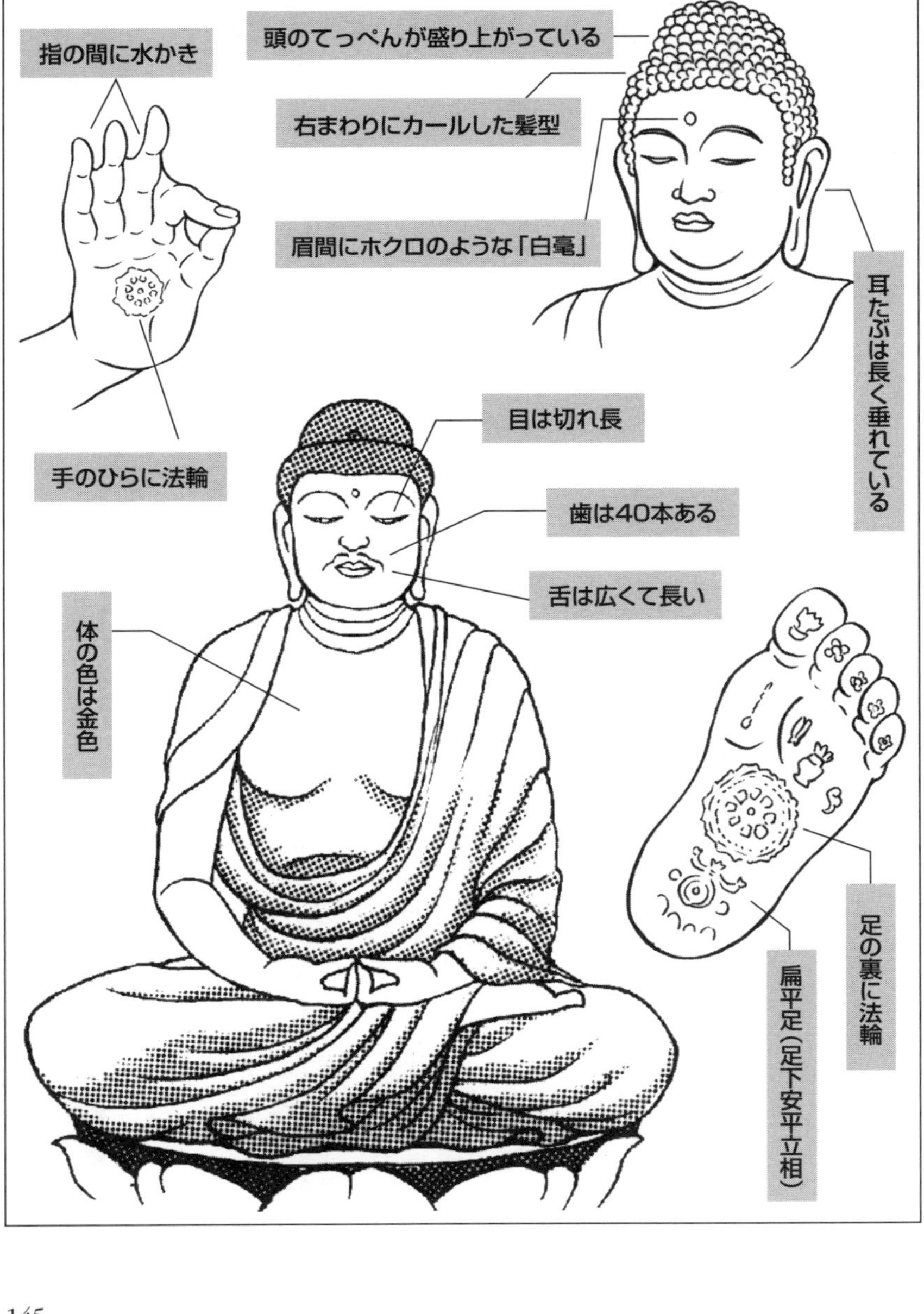

指の間に水かき
頭のてっぺんが盛り上がっている
右まわりにカールした髪型
眉間にホクロのような「白毫」
耳たぶは長く垂れている
手のひらに法輪
目は切れ長
歯は40本ある
舌は広くて長い
体の色は金色
足の裏に法輪
扁平足（足下安平立相）

【釈迦如来】ステージによって異なる、お釈迦さまの姿

〇六八

お釈迦さまの仏像は、前項で紹介した如来像としての姿の基本を踏まえた上で、ライフステージによって次のような種類のものがある。

まず右手で天を指し、左手で地を指している「誕生仏」。これはお釈迦さまが生まれたときの姿を現している。四月八日の「花祭り」(→一八四頁)にお寺に登場するのがこの仏像だ。

苦行に励み、やせ細っている「苦行像」は日本ではあまり見られない。

座禅を組んでいる姿の座像は最もよく見かけるものだ。同じ座禅でも、手の形によってバリエーションがある。

手の形や指の組み方を「印」と呼ぶが、悟りを開いたことを表わすのが「禅定印《ぜんじょういん》」だ。他に、願いをかなえる「与願印《よがんいん》」、安心を与える「施無畏印《せむいいん》」の場合もある。

右手の人差し指を地面につけているのは「降魔印」。お釈迦さまが菩提樹の下で悟りを開こうというとき、妨害していた魔物をこのポーズによって退散させた。

説法をしていることを表わす「説法印」は「転法輪印」とも呼ばれる。法輪を回しているゼスチャーである。

そして、涅槃《ねはん》の姿をかたどった「涅槃像」もある。日本ではあまりポピュラーではないが、東南アジアではお馴染みだ。

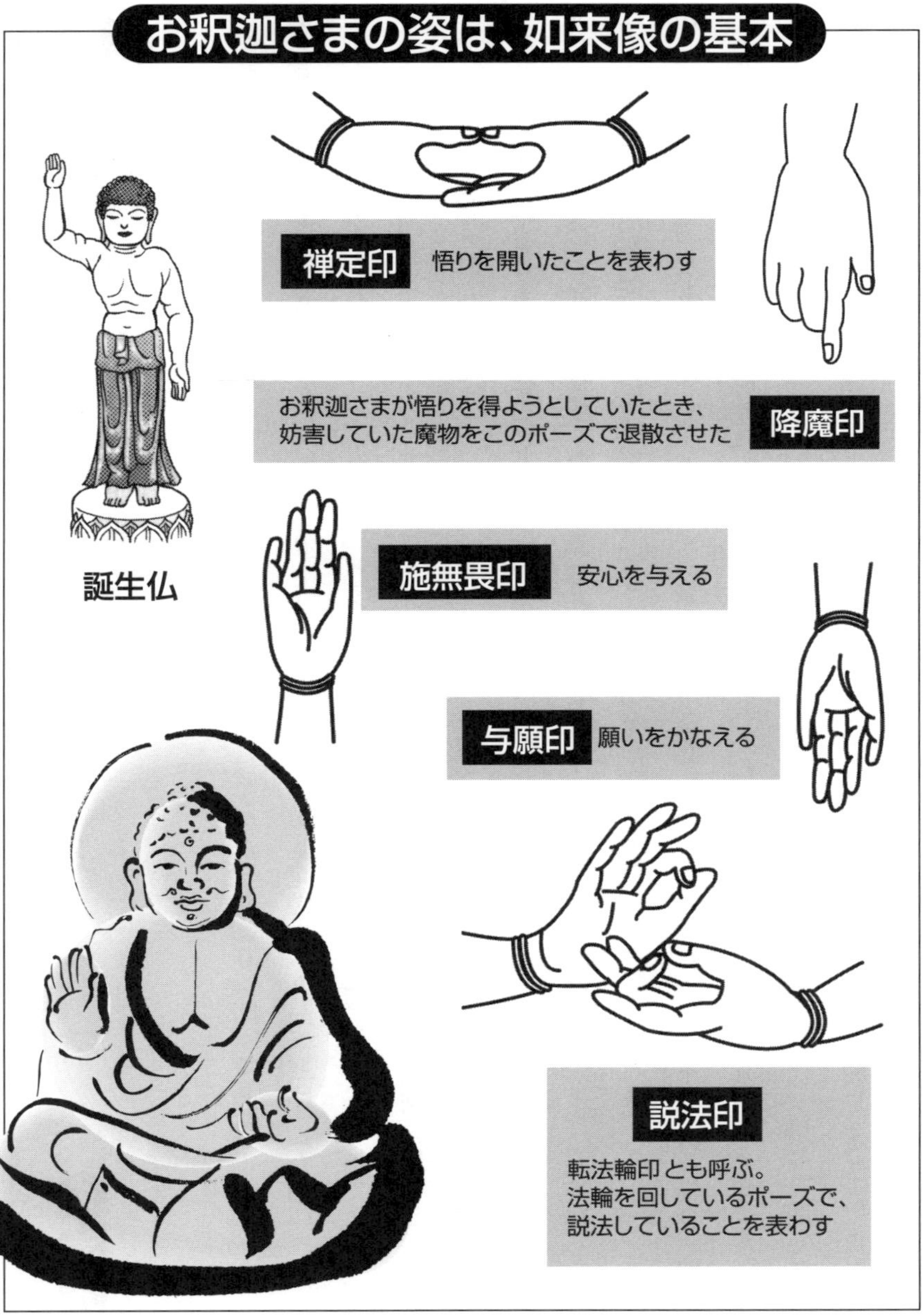
お釈迦さまの姿は、如来像の基本
禅定印
悟りを開いたことを表わす
お釈迦さまが悟りを得ようとしていたとき、
妨害していた魔物をこのポーズで退散させた
降魔印
誕生仏
施無畏印
安心を与える
与願印
願いをかなえる
説法印
転法輪印とも呼ぶ。
法輪を回しているポーズで、
説法していることを表わす

〇六九

【阿弥陀如来】指の組み方に特徴がある

阿弥陀さま、つまり阿弥陀如来は、西の彼方にある極楽浄土で私たちを迎え入れてくれる仏さまだ。どれくらい彼方かというと「十万億土」。ひとりの仏さまの仏国土（浄土）が「一土」であり、その一億の十万倍を経た彼方である。

阿弥陀如来にはもともと、無限の光をもつ無量《むりょう》光《こう》仏（アミターバ）と無限の寿命をもつ無量寿《むりょうじゅ》仏（アミターユス）がある。両方に共通する「アミタ」が「阿弥陀」になったものだ。

阿弥陀さまを信じ、「南無阿弥陀仏」を唱える浄土宗系のお寺のご本尊である。

阿弥陀さまの仏像はお釈迦さまとよく似ていて、パッと見ただけでは区別できない。注目してほしいのは手の形、つまり「印」である。

多くの阿弥陀像は「九品来迎印《くほんらいごういん》」（九品印）のいずれかを結んでいる。。親指と人差し指でOKサインのようなポーズをしていれば阿弥陀さまであるし、お釈迦さまと同じ禅定印（→一四六頁）のように見えても、指が輪になっているので区別できるはずだ。阿弥陀さまはこのポーズで私たちをお迎えに来るのだ。

また、背中に「光背《こうはい》」（身光《しんこう》）がある場合、四十八本の線からできている。阿弥陀さまがまだ仏になる前の法蔵菩薩と称した時代、悟りを開くにあたって四十八の誓い（四十八願）を立てたことによる。

阿弥陀如来

- 卍 西方の極楽浄土に住む
- 卍 浄土宗系のお寺のご本尊。念仏「南無阿弥陀仏」に応えて浄土への往生を約束してくれる
- 卍 仏像はお釈迦さまと似ているが、指の結び方（印。下図参照）で区別できることが多い
- 卍 左に観音菩薩、右に勢至《せいし》菩薩を従えていることもある（左図）

阿弥陀如来の「九品来迎印」

上品上生

上品中生
（中品上生）

上品下生
（下品上生）

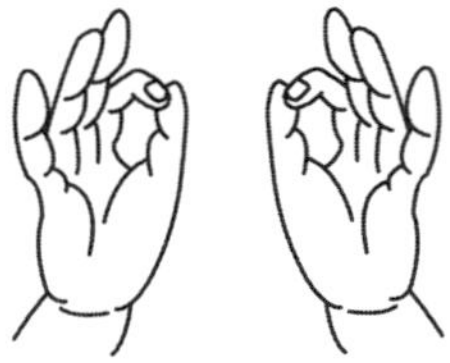

中品上生
（上品中生）

中品中生

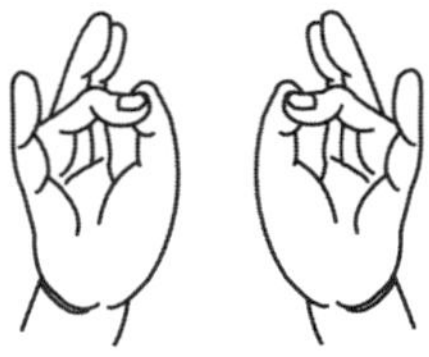

中品下生
（下品中生）

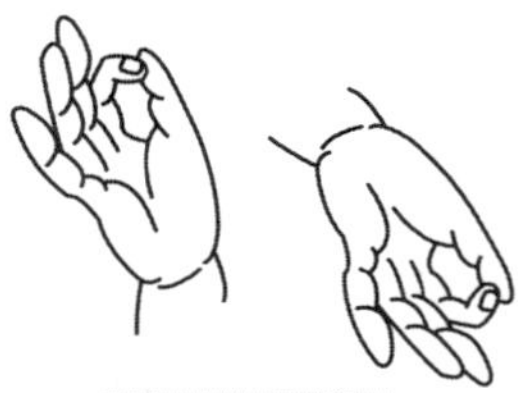

下品上生
（上品下生）

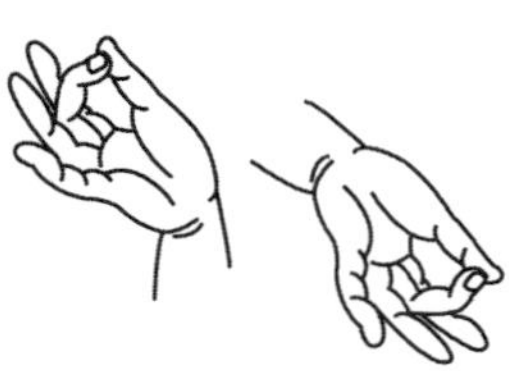

下品中生
（中品下生）

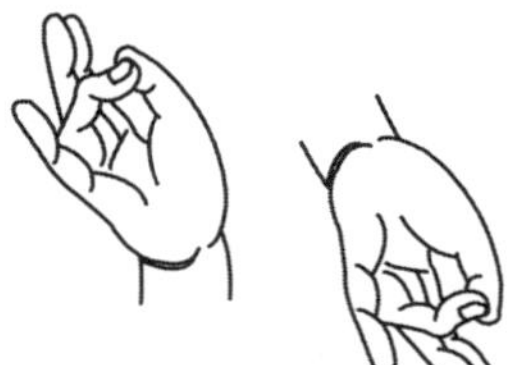

下品下生

【薬師如来】万能の薬の壺で病を癒す

〇七〇

阿弥陀さまが西方浄土に住むのに対し、東方の浄瑠璃《じょうるり》世界の主が薬師如来。またの名を薬師瑠璃光如来という。サンスクリット語では「バイシャジャグル」、すなわち「治療の師」である。菩薩としての修行時代、十二の誓いを立てた。その中に「すべての病を癒そう」という誓いがあり、無病息災をかなえる仏として信仰を集めるようになった。

阿弥陀さまは来世で救ってくださるというが、薬師さまはこの世で救ってくれる。ありがたさもひとしおだ。

多くの薬師如来の仏像は手に万病を癒す薬草の入った壺を携えている。如来の姿をして、壺を携えていれば、一〇〇%薬師如来である。

手の組み方は、右手は施無畏印、薬壺を載せた左手は与願印である。古い薬師像には薬壺をもっていないことがあるため、お釈迦さまと区別がつきにくいこともある。有名な奈良・薬師寺や唐招提寺の薬師像も薬壺をもっていない。

薬師如来の背中にある光背をよく見ると、小さな仏像がついているのがわかる。全部で六体もしくは七体あり、薬師如来を手助けする如来たち「七仏薬師」である。

右に日光菩薩、左に月光菩薩を従えていることもある。それぞれ日輪と月輪を携えている。また、「十二神将」と呼ばれる、武器を携えた眷属《けんぞく》(家来)を従えていることもある。

薬師如来

- 東方の浄瑠璃世界に住む
- すべての病を癒す
- 万病を癒す薬草の入った薬壺を携えている
- 日光菩薩・月光菩薩、武器を携えた「十二神将」を従えていることも

薬壺をもつ一般的な薬師如来像

薬壺をもたない薬師如来像（薬師寺など）

立像もある（唐招提寺など）

〇七一

【大日如来】豪華に着飾る「仏の王」

大日如来の名はサンスクリット語の「マハー・ヴァイローチャナ」、すなわち「大きな太陽」を訳したものだ。密教において、宇宙そのものを表わす存在であり、仏の中の王である。

大日如来は他の如来とは違い、王さまらしくきらびやかに着飾っている。頭には宝冠をいただき、ネックレスやブレスレットを身に付けている。モデルはお釈迦さまではなく、古代インドの王さまとされている。

したがって、大日如来の仏像は一見、菩薩のようにも見える。菩薩像と区別するポイントは、主に手の印だ。

大日如来には金剛界大日如来と胎蔵界大日如来があり、それぞれの印を結んでいる。

金剛界の大日如来は「智剣印」を結んでいる。これは菩薩には見られない印である。

胎蔵界の大日如来は「法界禅定」と呼ばれる禅定印を結んでいる。頭には大日如来を中心とする五仏を表わす「五仏宝冠」をいただいている。

ところで、「ヴァイローチャナ」は漢訳すると「毘盧遮那」となる。つまり、奈良の大仏のようなシンプルな毘盧遮那仏と、きらびやかな大日如来はもともと同じものだ。毘盧遮那仏は華厳宗の本尊であることから、大日如来とはまったく異なる姿で表わされている。さらにさかのぼれば、両者とも古代インドの最高神に由来するとされている。

大日如来

- 森羅万象を生み出す仏の中の王。お釈迦さまも菩薩も大日如来の化身と考えられる
- 智慧を象徴する金剛界大日如来と、慈悲を象徴する胎蔵界大日如来がある

体は金色に輝く
大日如来を中心とした五仏を表わす五仏宝冠
他の如来と異なり着飾っている
金剛界大日如来は智剣印を結ぶ
胎蔵界大日如来は禅定印を結ぶ

〇七二

【菩薩】私たちに救いの手を差しのべる

菩薩（ボーディサットヴァ）とは、もともとお釈迦さまの修行時代のことであり、悟りを開くために修行をしている者を指す。

後に大乗仏教では、悟りを求めようと決意した者はすべて菩薩と見なすようになった。つまり、私たちも菩薩となることはできる。ただ、悟りに至るのは、まだまだ遠い未来のことだろう。

一方、仏像となって信仰を集めているのは、菩薩の中でも最もパワフルな菩薩たち。ほとんど悟りに達しようという力があるにもかかわらず、私たちすべてを救うためにあえて菩薩であり続け、如来の救済の仕事を現場で担っているのだ。それ自体が菩薩としての修行だからである。お釈迦さまや阿弥陀さまの仏像の両脇に二人の菩薩が従っているのもよく見かける。

菩薩の仏像は、出家前のお釈迦さまがモデルとなっている。つまり、王宮で暮らしていた頃のシッダールタ王子の姿だ。頭には宝冠をいただき、ネックレスやイヤリングといったアクセサリーを身に付けて着飾っている。

菩薩の種類は数多いが、メジャーな菩薩であれば見分けるのはさほど難しくない。十一面観音や千手観音のように姿形ですぐわかる菩薩もある。

如来の場合は印の結び方が決め手だったが、菩薩は手に携えている剣や蓮華、経典といった「持物《じもつ》」で見分けられることが多い。

菩薩は如来の補佐役

- 卍 菩薩とは、もともとはお釈迦さまの修行時代を指す
- 卍 悟りに至ることができるにもかかわらず、衆生を救うために如来に代わって救いの手を差しのべる役割を担う
- 卍 華やかに着飾っていることが多い

阿弥陀三尊像

阿弥陀如来（中）は、補佐役として観音菩薩（左）、勢至菩薩（右）を従えている

薬師三尊像

薬師如来（中）は、補佐役として日光菩薩（右）、月光菩薩（左）を従えている

〇七三

【観音菩薩】千の眼、千の手であまねく救う

観音菩薩は正式な名を「観自在菩薩」といい、すべてを自在に見ることができる菩薩である。「観世音菩薩」という名もあり、私たちの救いの声を自在に察することを意味している。

観音菩薩像にはさまざまな種類があるが、基本形は「聖観音《しょうかんのん》」の立像である。いたって普通の(?)人間の姿をしており、宝冠には阿弥陀如来が描かれている。観音さまは阿弥陀さまの助手役として活躍する菩薩だからだ。

世の中のすみずみまで三六〇度見渡して救おうという気合いが姿形に現れたのが「十一面観音」だ。手には、まだ花開いていない蓮華や不老不死をもたらす甘露の入った水瓶を携えている。

さらに、あまねく見渡すだけでなく、救いの手を自在に差しのべようというのが「千手観音《せんじゅ》」(千手千眼自在観音)だ。千本の手それぞれの手のひらに眼をもっている。

奈良・唐招提寺の千手観音は本当に千本の手をもっているが、最も多い作例は手が四十二本のもの。そのうち二本の手は合掌し、その他の手は剣や水瓶、数珠、法輪など、あらゆる持物を携えている。一本の手で二十五人を救うと言われている。

この他、馬の頭をいただいた「馬頭観音《ばとう》」、あらゆる願い事をかなえる如意宝珠と法輪を携えた「如意輪観音《にょいりん》」、私たちをすくい取るロープ(羂索《けんさく》)を持つ「不空羂索観音《ふくう》」などが人気だ。

観音菩薩

- 世界のすみずみまで見渡し、あまねく救いの手を差しのべる
- 聖観音、十一面観音、千手観音、馬頭観音、救世観音など、多くのバリエーションをもつ

聖観音

最も基本的な観音の姿

千手千眼自在観音

千の手、千の眼をもつ

頭上には阿弥陀如来

救世観音

観音菩薩の多くの変化形のひとつ。聖徳太子の夢に現れたとされている

馬頭観音

忿怒の形相で、頭上に馬の頭をもつ

〇七四

【弥勒菩薩】五十六億七千万年後に現れる！

弥勒《みろく》はサンスクリット語の「マイトレーヤ」の音訳。もともとインドやイランで信仰されていた神に由来する。お釈迦さま入滅後、五十六億七千万年後にこの世に現れ、仏となって私たち（?）を救ってくれる菩薩である。現在は、お釈迦さまが前世を過ごしたのと同じ「兜率天《とそつてん》」と呼ばれる天界で修行を続けている。仏となることが約束されている「未来仏」であるため「弥勒仏」「弥勒如来」と呼ばれることもある。

弥勒菩薩といえば、広隆寺《こうりゅうじ》の国宝・半跏思惟像《はんかしゆい》があまりに有名だ。椅子に腰かけて右足を組み、小指を立てた右手を頬に当てている。将来現れる時にどうやって衆生《しゅじょう》を救おうかと思案しているポーズだという。

しかし、菩薩と名づけられているにしては、菩薩らしく着飾ってはおらず、むしろ如来のスタイルに見える。このタイプは奈良時代以前の古い仏像に多い。

平安時代以降には立像や座像が増えてくる。お釈迦さまの王子さま時代をモデルにしており、五仏をあしらった宝冠をいただき、禅定印《ぜんじょういん》を結んでいることが多い。

日本では阿弥陀信仰や観音信仰が盛んだが、他の国々では弥勒の人気は高く、しばしば巨大な仏像が造られてきた。また、七福神のひとりである布袋《ほてい》さまは弥勒の化身とされている。

いつかきっと現れる！　弥勒菩薩

どうやって救いの手を
差しのべようか思案中
過去の仏の時代
お釈迦さまの時代
★私たちの現在地
56億7000万年後
弥勒菩薩が現れ、
仏となる
卍 現在は、天界で修行中の身
卍 仏となることが決まっているため、「弥勒仏」「弥勒如来」とも呼ばれる
卍 七福神の布袋さまは
弥勒の化身とされている
将来現れるため、
片足は立ち上がる準備

【地蔵菩薩】最も身近な現役の救世主

〇七五

地蔵菩薩、つまりお地蔵さまは、私たちに最も身近な菩薩だろう。サンスクリット語では「クシティガルバ」。大地の母胎を意味している。

お釈迦さまが亡くなって五十六億七千万年後に弥勒菩薩が現れて悟りを開くまで、私たちの世界には仏がいない。折悪しく谷間の時代に生きている私たちに救いの手を差しのべてくれるのが地蔵菩薩である。

お地蔵さまは、地獄道から天道にいたるまでの六道（→六八頁）すべてで一切の衆生の救済にあたるという誓いを立てている。

たとえば冥土の「賽《さい》の河原」でも活躍している。幼くして亡くなった子どもは三途《さんず》の川を渡れず、賽の河原で永遠に石を積み上げて塔を作る運命にある。地蔵菩薩はこの子どもたちに教えを説いて、救いへの道を開く。だから、子どもを守る菩薩として信仰を集めているのだ。

お地蔵さまのスタイルはわかりやすいだろう。坊主頭の僧侶の姿をしており、袈裟を身に付けている。右手には錫杖《しゃくじょう》（修行者用の杖）を、左手には宝珠を携えている。ほとんどが立像なのは、六道を常に巡っていて忙しいからだ。

路傍に石づくりのお地蔵さんが並んでいるときは、六体のことが多い。これは六道それぞれに赴く分身とされ、持物や指の結んでいる印が異なっている。

身近な菩薩、お地蔵さま

過去の仏の時代

お釈迦さまの時代

★私たちの現在地

56億7000万年後

弥勒菩薩が現れ、仏となる

地蔵菩薩は、仏の現れない暗黒の時代、人々に救いの手を差しのべる

六道それぞれを分身が担当

六体セットのことが多い

一般的な姿（例外も多い）

- 卍 坊主頭、袈裟姿
- 卍 右手に錫杖
- 卍 左手に宝珠

六道を忙しく駆け回っているためほとんどが立像

六地蔵

地蔵の名称	担当	持物または印
大堅固地蔵	天道	宝珠・経典
大清浄地蔵	人道	宝珠・施無畏印
清浄無垢地蔵	修羅道	宝珠・梵篋（お経の箱）
大光明地蔵	畜生道	宝珠・如意宝珠
大徳清浄地蔵	餓鬼道	宝珠・与願印
大定智悲地蔵	地獄道	宝珠・錫杖

【文殊菩薩】「文殊の智慧」は何のため？

文殊《もんじゅ》菩薩の名はサンスクリット語「マンジュシュリー」を音訳した「文殊師利《もんじゅしり》」に由来する。

マンジュシュリーはお釈迦さまの弟子だった実在の人物とも言われ、問答で優れた能力を発揮したとされている。お釈迦さま入滅後、ヒマラヤに入って教えを説いたとも伝えられている。

日本にも「三人寄れば文殊の智慧《ちえ》」という言葉があるように、文殊菩薩は数ある菩薩の中でも「智慧」をつかさどる存在として知られている。智慧というのは学問上の知識のことではなく、悟りに至るための仏の智慧のことである。

文殊菩薩像は持物がはっきりしているため見分けやすい。一般的な姿は、獅子の上に据えられた蓮華座に結跏趺坐《けっかふざ》し、右手に剣を、左手に経典を携えている。剣は煩悩を断ち切ることを象徴し、経典は智慧を表わしている。経典は蓮華の上に載っていることもある。

お釈迦さまの脇に控える存在として普賢《ふげん》菩薩とともに登場することもある。

密教では子どものような姿（童子形）で表わされることもある。頭上でまげを結っており、まげの数によって働きが異なる。禅宗では僧侶の姿をした文殊像（文殊大士）が道場に祠られている。

文殊菩薩は清涼山で教えを説いているとする経典もあり、中国山西省の五台山《ごだいさん》は文殊菩薩の浄土として信仰を集めている。

優れた智慧の持ち主、文殊菩薩

卍 実在のお釈迦さまの弟子とも言われている
卍『維摩経』で、主人公のヴィマラキールティと対等に議論することができたのは文殊菩薩だけだったとされている
卍 密教では童子の姿で、禅宗では僧侶の姿で表わされることもある
右手には煩悩を断ち切る剣
左手には経典
結跏趺坐
獅子の上に置かれた蓮華の台座に座る

【明王】話してわからなきゃ脅かすしかない

〇七七

穏やかな如来や菩薩とはうって変わって、怒りに目をむく明王《みょうおう》たち。サンスクリット語で「ヴィドゥヤー・ラージャ」つまり「真言の王」の意味である。密教がヒンドゥー教の神々を仏教のパンテオンの中に取り入れたもの。すべて大日如来の化身と見なされる。

忿怒《ふんぬ》の形相は、仏教に敵対する者たちや修行を邪魔する者たちを抑えつけるため。また、如来や菩薩がやさしく諭しても聞く耳をもたない者に反省を迫る。

明王の中で最も知られているのが不動明王。「お不動さん」として親しまれている。ヒンドゥー教のシヴァ神に由来するとされ、右手に剣、左手にロープ（羂索）をもつ。剣で煩悩を断ち切り、ロープで煩悩を縛り上げる。あるいは、煩悩の海に溺れる者を助け上げるともいう。背後には煩悩を焼き尽くす炎が燃えさかっていることが多い。

不動明王を中心とし、東を降三世《ごうざんぜ》明王、南を軍荼利《ぐんだり》明王、西を大威徳《だいいとく》明王、北を金剛夜叉明王が守護する。この五大明王は、大日如来を中心とする五仏にそれぞれ対応している。

真っ赤な体に三つの眼をもつ「愛染明王」は縁結びの神さまとして人気。弓矢を携え、愛欲を悟りのエネルギーに変えてしまう。煩悩を食べる孔雀の背に乗る「孔雀明王」は菩薩のような姿で現れる。武器ももたない女性的な明王だ。

五大明王たち

- 卍 密教がインドの神々を取り入れたもの
- 卍 仏教の修行を邪魔する者たち、聞く耳をもたない者たちに忿怒の形相で迫る

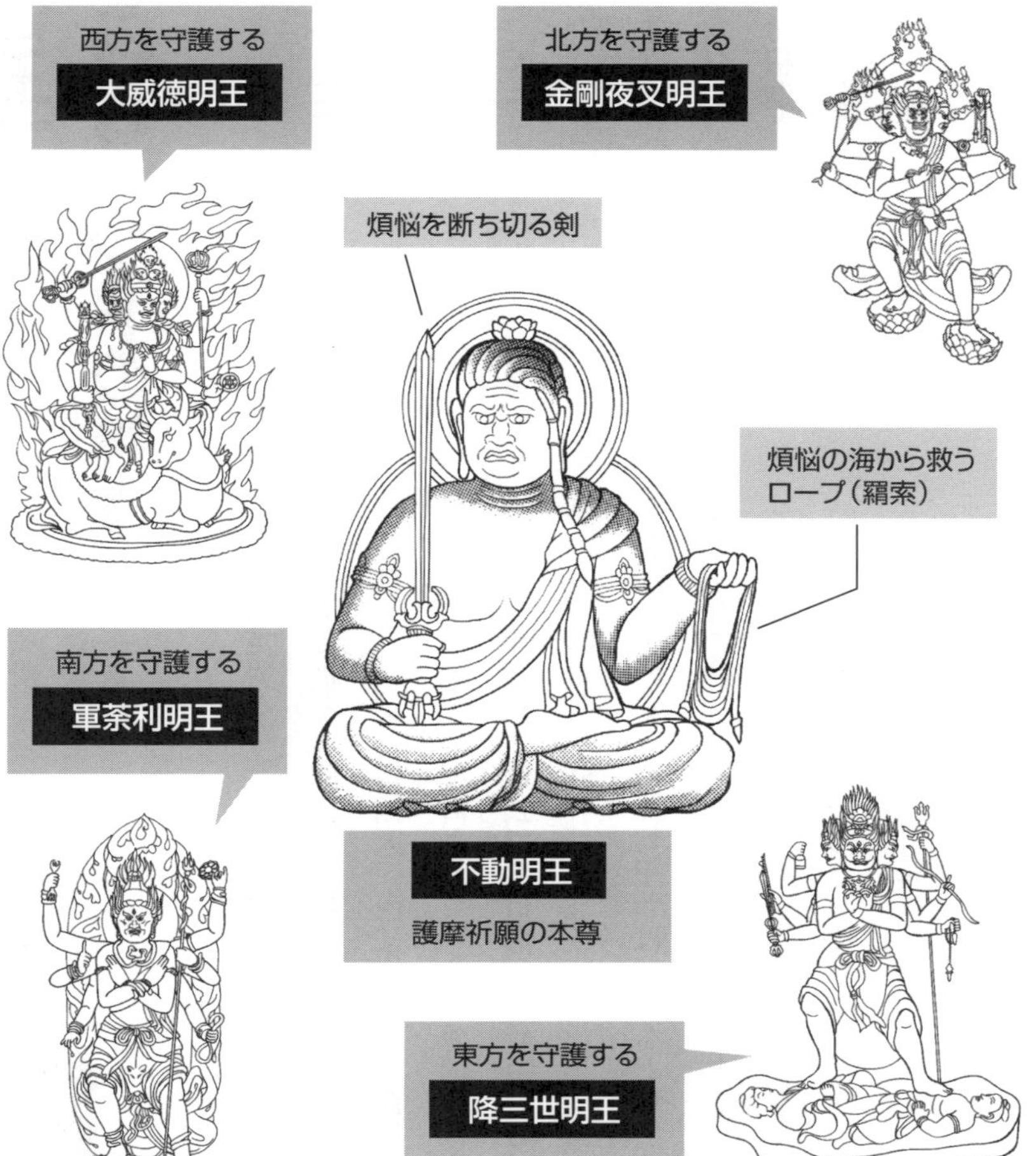

【四天王と仁王】仏教世界を守るインドの神々

〇七八

お釈迦さまの時代、すでにインドにあったバラモン教の神さまたちも仏教に取り入れられていった。インド古来の神々はお釈迦さまの教えに従って、仏教を守る神に生まれ変わった。これが「天」と呼ばれるグループだ。天は浄土とは違い、輪廻の中にある。人間よりも寿命ははるかに長いが、いつかは寿命が来てしまう。

ヒンドゥー教の創造神ブラフマーは仏教を守る神「梵天《ぼんてん》」となった。お釈迦さまが悟りを開いたとき、人々に教えを広めるように勧めるという大切な役割を果たした。

象に乗ったインドラ神は「帝釈天《たいしゃく》」となり、世界の中心にそびえるとされる須弥山《しゅみせん》を守る。梵天とともに重要な存在だ。

帝釈天に従う「四天王」は須弥山の東西南北を守る神々だ。東に持国天、南に増長天、西に広目天、北に多聞天が配置されている。多聞天は毘沙門天とも呼ばれ、単独でも信仰を集めている。七福神の一員でもある。

お寺の山門を守る「仁王」はもともと執金剛神あるいは金剛力士と呼ばれる神だ。二体のものは分身と考えられ、一般に右の像が口を開いた「阿《あ》」の像、左の像は口を結んだ「吽《うん》」の像となっている。「あ」と「うん」はサンスクリット語のアルファベットの最初と最後の文字「ア」「フーム」の音写であり、森羅万象を象徴している。

四天王たちのシンボル

仁王

卍 もともとは金剛力士、執金剛神と呼ばれる神。二体のものは分身

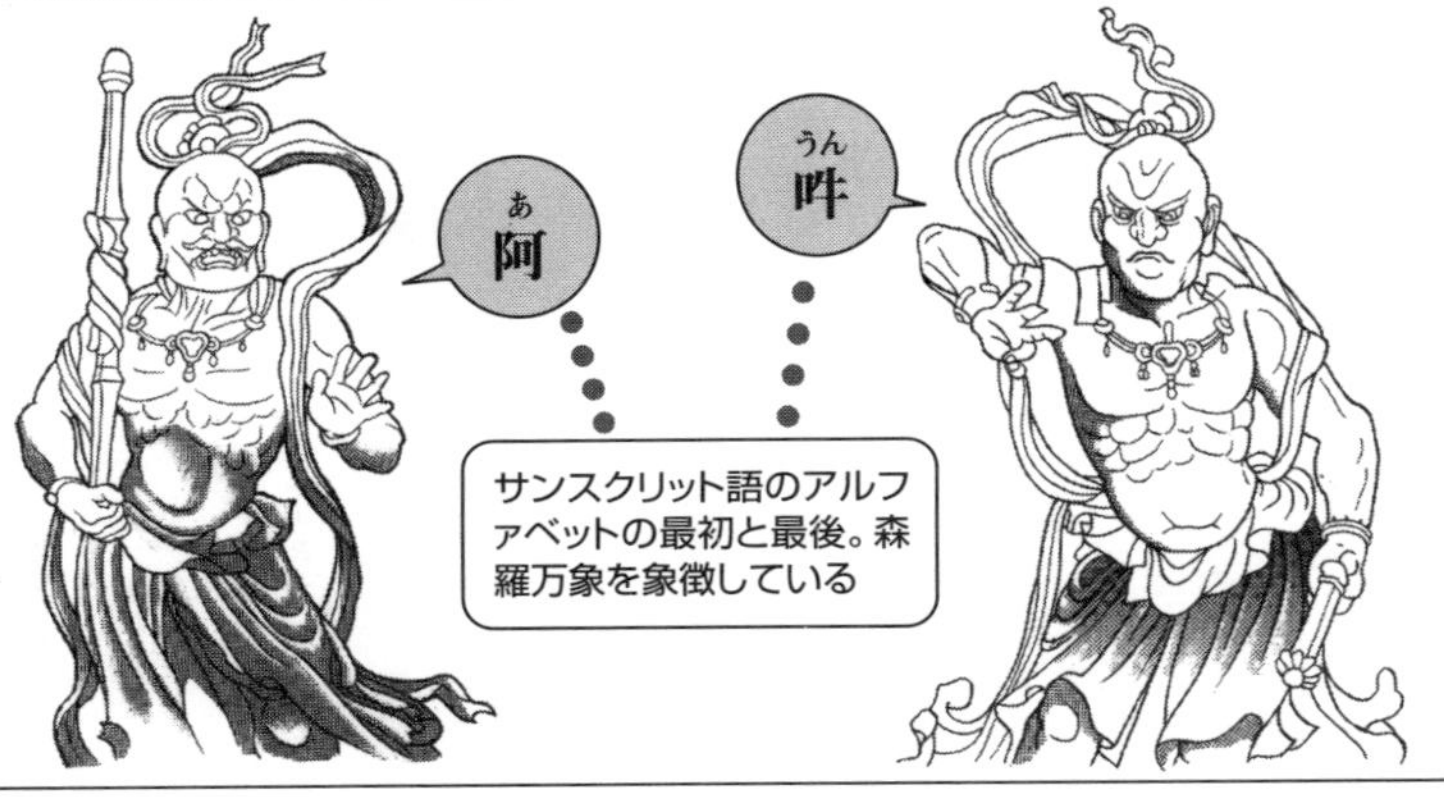

〇七九

【吉祥天と鬼子母神】「子どもの守り神」の暗い過去

仏教の中に「天」として取り入れられたインド生まれの神々の中には女神もいる。

たとえば「吉祥天《きっしょうてん》」あるいは「功徳天《くどくてん》」と呼ばれているのは、ヒンドゥー教の女神ラクシュミ。三大主神のひとりヴィシュヌの妃であり、インドでは美や幸運、富の象徴として慕われている。

日本の吉祥天の仏像は、中国の唐代の貴婦人の姿。左手に如意宝珠を持ち、右手は施無畏印《せむいいん》や与願印《よがんいん》（↓一四六頁）を結んでいる。

安産や子育ての神様として慕われる「鬼子母神《きしもじん》」はインド名を「ハーリティー」といい、訶利帝母《かりていぼ》とも漢訳される。もともとはパーンチカ（般闍迦《はんじゃか》）という神さまの妻で、五百人とも千人ともいわれる子をもつ母でありながら、他人の子どもをさらって食べてしまう鬼神であった。

そこで、お釈迦さまは彼女が最も愛していた末子を隠してしまった。子を失う母の苦しみを味わって改心した鬼子母神は以後、仏教の教えを守る神さまとなって、お釈迦さまに従った。

鬼子母神といえば、右手にもつザクロの実も特徴的。種がぎっしり詰まったザクロは「吉祥果」とも呼ばれ、洋の東西を問わず子孫繁栄の象徴だ。しかし、子どもの肉の味が忘れられない鬼子母神が、似た味（？）のザクロを食べている、という説もある。

日蓮宗では『法華経』の守護神とされている。

幸福の女神、吉祥天
華やかな宝冠
すべての願いをかなえる
如意宝珠
中国の唐代の貴婦人の姿
右手は施無畏印か与願印が多い
インド名
ラクシュミ
子どもを守る、鬼子母神
もともとは、子どもを食べる
鬼神だった
赤ん坊を抱く
右手にザクロ
中国の貴婦人の姿
インド名
ハーリティー

【持物】パワフルな仏教グッズたち

仏像が何気なく手に携えているものを「持物《じもつ》」と呼ぶ。それぞれに意味があり、仏像を見分けるカギになる。

よく登場するのは蓮華、つまり蓮の花だ。泥の中から生え、美しい花を咲かせることから、汚れのないお釈迦さまの智慧を象徴している。

桃のような形をした宝珠は、思うがままに願いをかなえ、富をもたらす。吉祥天や地蔵菩薩が持っている。

宝剣は煩悩を断ち切る武器である。文殊菩薩や不動明王などの明王や天が振りかざしている。

羂索《けんさく》と呼ばれるロープは不空羂索観音、不動明王、千手観音などの持物。煩悩の海に溺れる私たちを救い上げてくれる。あるいは煩悩を縛り付けるのだとも言われる。

密教の儀式にも使われる金剛杵《こんごうしょ》は煩悩を打ち砕く武器。インドの古代の武器をモデルとしており、真言宗とともに日本に伝わった。明王や金剛力士などがもっており、槍状の部分の数により独鈷杵《どっこしょ》、三鈷杵《さんこしょ》、五鈷杵《ごこしょ》などがある。金剛鈴と呼ばれるベルを左手にもっている者もいる。

このほか、錫杖は主に地蔵菩薩が六道を巡り歩くのに使う杖。毘沙門天などがもつ、お釈迦さまの遺骨（仏舎利）を納めた宝塔、薬師如来の薬壺、教えが広まっていく象徴である法輪などの持物がポピュラーだ。

仏さまたちが手にするものは?

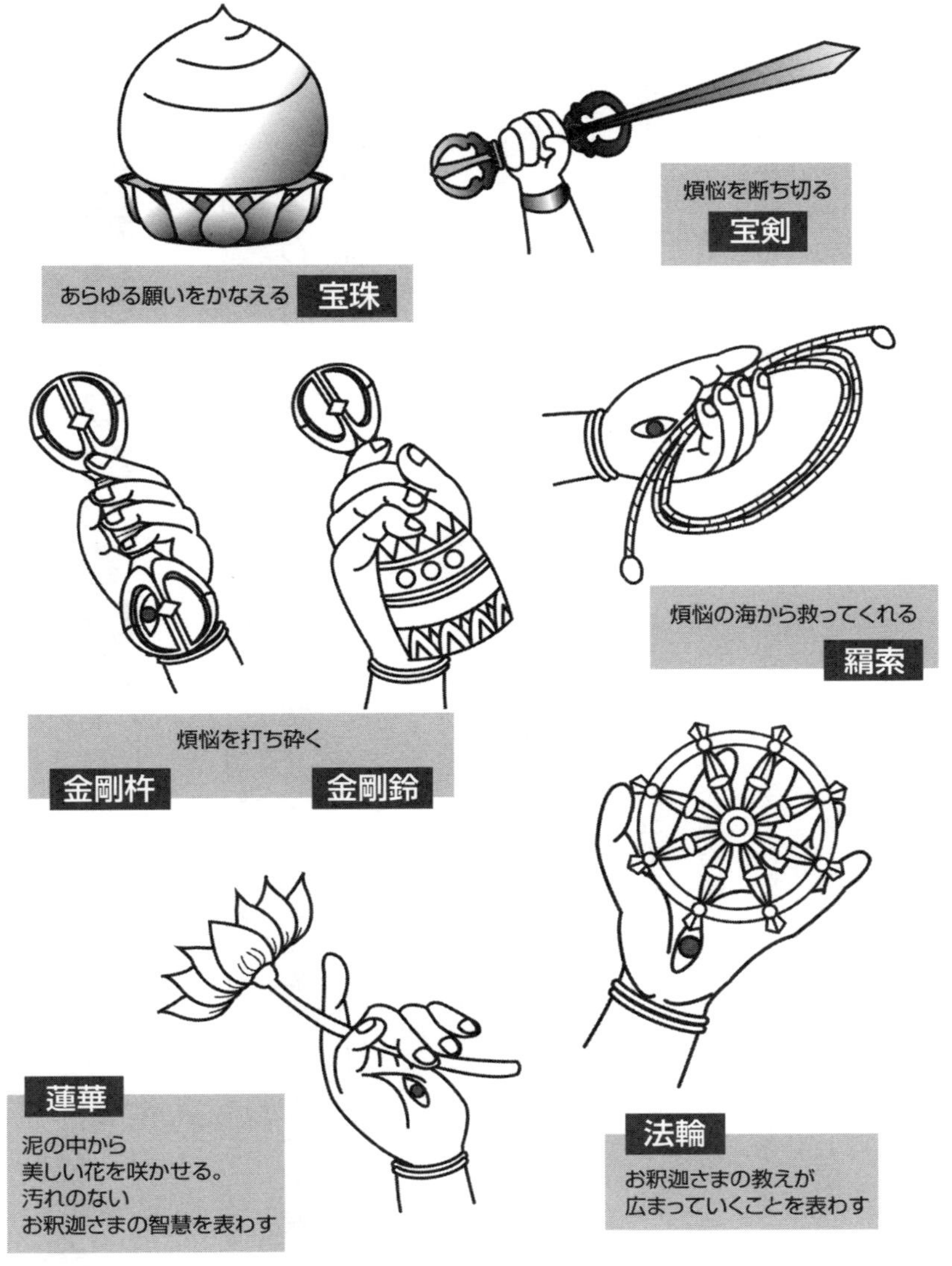
煩悩を断ち切る
宝剣
あらゆる願いをかなえる
宝珠
煩悩の海から救ってくれる
羂索
煩悩を打ち砕く
金剛杵
金剛鈴
蓮華
泥の中から
美しい花を咲かせる。
汚れのない
お釈迦さまの智慧を表わす
法輪
お釈迦さまの教えが
広まっていくことを表わす

【曼荼羅】仏さまの世界はこうなっている

〇八一

仏さまの世界、宇宙観をシンボルや仏像などで表わした二次元、三次元の造形物がマンダラだ。漢字では曼荼羅、曼陀羅と書かれるが、どちらにせよ音写であり文字自体に意味はない。

マンダラのルーツは、古代インドで神さまを招くときに地面に描いた幾何学的な砂絵とされる。現在もチベットなどでは、砂絵で描くマンダラが最も正式なスタイルとされている。

仏教のうち、とくに密教がマンダラを儀式の中に取り入れ、神仏の住む世界を緻密な絵画で描くことによって高度な芸術に高めていった。本来は瞑想の際に仏の世界を思い描くための地図のようなものだ。

仏の世界の詳細は経典に説かれている。日本でよく知られている「金剛界曼荼羅」は『金剛頂《こんごうちょう》経《きょう》』に、「胎蔵《たいぞう》曼荼羅」は『大日経』にもとづいて描かれている。中心に大日如来がおり、その周囲を神仏が取り囲む。空海の師匠・恵果がこのスタイルを成立させたとされている。

大日如来以外の仏や菩薩を中心としたマンダラも数多く描かれている。浄土の様子を写実的に表わした「浄土曼荼羅」、神道の神々を描く「垂迹《すいじゃく》曼荼羅」も生まれた。また、京都・東寺講堂にある「羯磨《かつま》曼荼羅」は、立体的な仏像を並べたジオラマ状のマンダラ。空海のアイデアによるものとされている。

両界曼荼羅

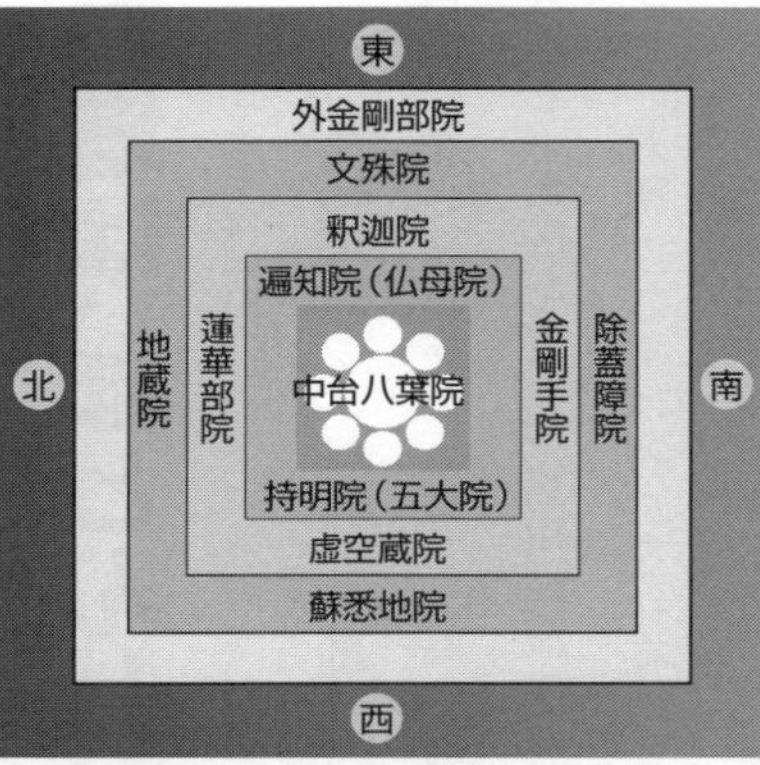

胎蔵曼荼羅

（大悲胎蔵生曼荼羅、胎蔵界曼荼羅）

◎ 12の「院」に分かれ、中心の蓮の花をかたどった「中台八葉院」には大日如来が、その周囲に諸如来、菩薩、明王などが配される。

◎『大日経』に説かれた世界を表わしている。

◎大日如来の慈悲と智慧が菩薩たちの力で放射状に広まる様子が描かれている。

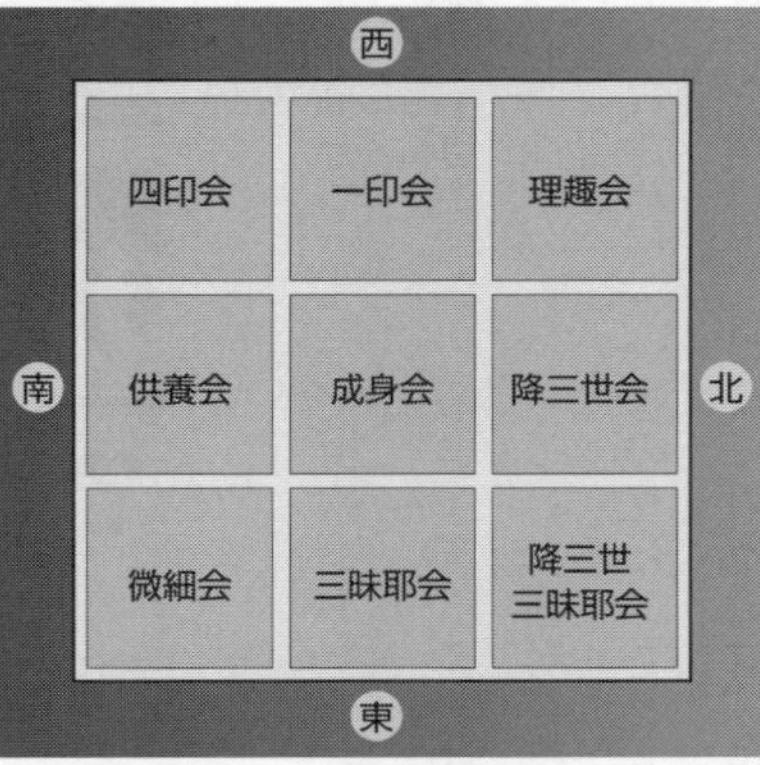

金剛界曼荼羅

◎9つの曼荼羅（九会）からなる。中心の成身会は大日如来、周囲には四如来、四菩薩の会がある。

◎『金剛頂経』に説かれた世界を表わしている。

◎右下の降三世三昧耶会から反時計まわりに、衆生から明王、菩薩、仏へ、金剛（ダイヤモンド）のような強固な悟りに到達する段階が描かれている。

チベット仏教の僧侶が作成する「砂マンダラ」。着色した砂粒を壇上に落とし、長い時間をかけてマンダラを描く。最も正式なマンダラのつくり方とされている。完成後は神仏への供養のための儀式を行ない、その後、壊して川に流す。

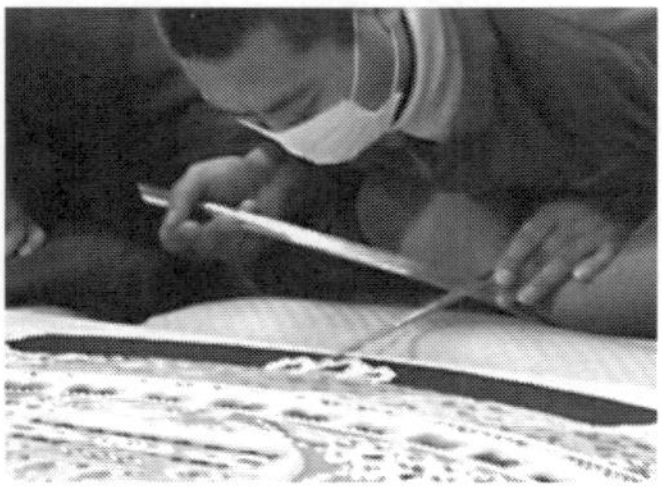

【仏塔】五重塔は、ほとんどが「飾り」？

〇八二

お釈迦さまの国インドには基本的にはお墓をつくる習慣はない。現在でもヒンドゥー教徒は遺体を火葬にし、遺灰をガンジス川に流す。

しかし、お釈迦さまは特別な存在であったため、その遺骨（仏舎利《ぶっしゃり》）が保存された。仏舎利を納めるためにつくられたのが「ストゥーパ」だ。

ストゥーパは当初、まんじゅう型の盛り土にすぎなかったようである。これが発展して石づくりの塔の形をとるようになる。仏教を保護したアショーカ王は仏舎利を分骨し、八万四千の石塔を建てたとされている。

中国に伝わると、土台や傘、屋根などが加えられ、楼閣のスタイルをとるようになった。仏教の宇宙観である「五大」（地・水・火・風・空）の思想が込められ「五輪塔《ごりんとう》」ができあがる。

これが高層建築にまで高められたのが五重塔だ。塔のうち、もともとのストゥーパのはたらきを担っているのは、頂上の細長い「相輪」と呼ばれる部分。そのさらに頂上の「宝珠」が本来、仏舎利を納める場所だ。屋根から下はいわば相輪を支える飾りなのである。

ストゥーパを漢字で書くと「卒塔婆《そとうば》」。お墓に立っている木の板のことだ。天高くそびえる五重塔も一枚の板になってしまった卒塔婆も、もとは同じものだったのだ。ちなみに「塔」という言葉の語源は卒塔婆である。

仏塔の各パートは何を表わしている？

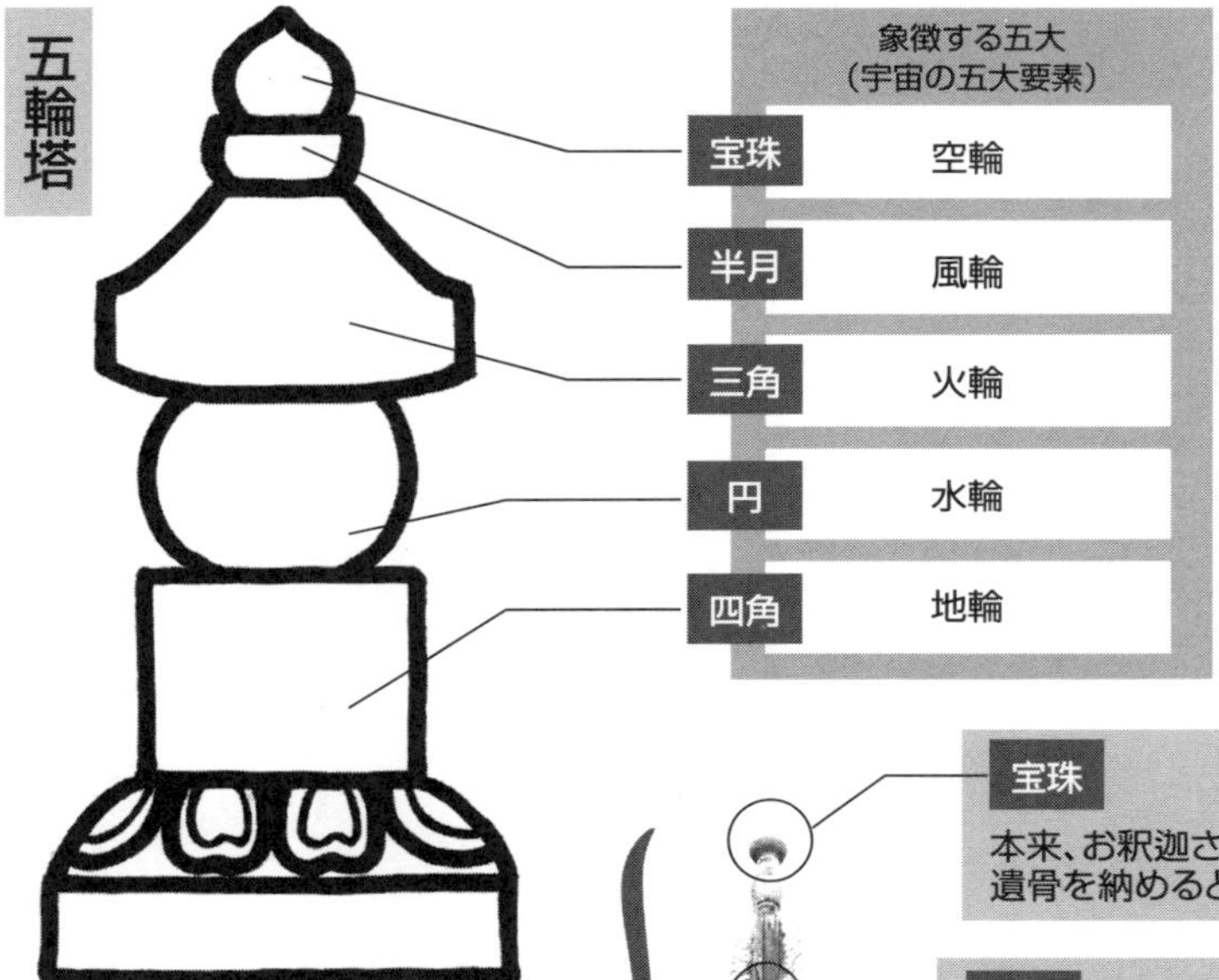

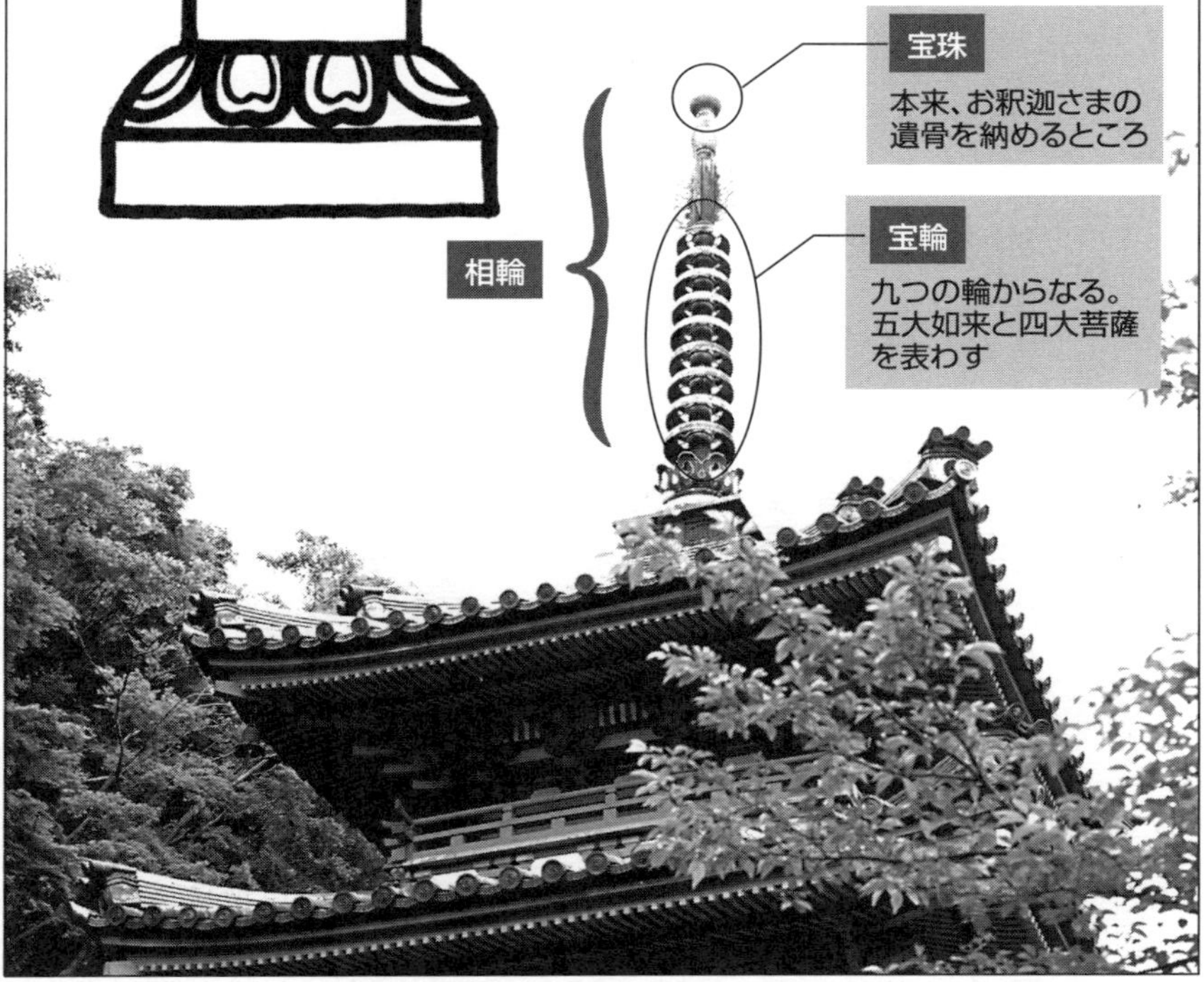

コラム 5

モンゴル人が仏教をヨーロッパにまで広めた

ダライ・ラマ十四世が来日した折、横綱・朝青龍らモンゴル人力士が謁見に訪れたエピソードはよく知られている。モンゴル人は一般にチベット仏教の熱心な信者なのだ。

チベット仏教とモンゴルの出会いは十三世紀、中国全土を支配したモンゴル軍がチベットに攻め入り、逆にチベット仏教の信者となったことに始まる。

以来、モンゴルの首長たちはチベット仏教を信仰するようになり、モンゴル勢力（元朝）がユーラシア各地へ版図を広げるにつれて、チベット仏教も広まっていった。

後に満州族の清朝もチベット仏教を信仰したことから、都合七世紀あまりの間、中国大陸一帯はチベット仏教世界に覆われたことになる。チベットの都・ラサの大僧院には、各地からの留学僧が大勢学んでいた。

チベット仏教の勢いはヨーロッパにまで及んだ。ソビエト連邦崩壊後、ロシア各地で禁止されていた宗教が復興をとげ、遠くカスピ海西岸にあるカルムイキア共和国でも仏教が復活している。この国では大統領自らが信者であり、国をあげて仏教復興に取り組んでいる。

また、中国でも近年「ブーム」と言えるほどチベット仏教への関心が高まり、僧院に入って学ぶ中国人が増えている。

第六章 毎日が仏教びより

コレって仏教だったんだ!?

○八三

【お盆】「ご先祖が帰ってくる」は仏教ではない

ご先祖さまの魂が帰ってくると言われるお盆。ナスやキュウリで乗り物を作り、迎え火をして、お盆が明けたら送り火で送り出す。

お盆の名は『盂蘭盆経《うらぼんきょう》』というお経に出てくるサンスクリット語の「ウランバナ」の音訳「盂蘭盆」に由来するとされている。

お釈迦さまの弟子のマウドガリヤーヤナ（目連《もくれん》）は、得意の神通力で、亡き母が餓鬼道に堕ちて飢えと渇きに苦しんでいるのを知った。お釈迦さまに相談すると「七月十五日に修行僧らに食べ物を布施して供養すれば救われる」というアドバイス。おかげで母は餓鬼道から救われたという。

「ウランバナ」とは「逆さ吊りの苦痛」を意味し、餓鬼道で味わう苦しみを表わしていると言われる。

この七月十五日は、雨期の間三カ月にわたって行なうお籠もり修行（安居《あんご》）が明ける日。僧侶らに施しをするには絶好のタイミングなのだ。

しかし、ご先祖の魂が……という話は『盂蘭盆経』には出てこない。輪廻転生が基本にある仏教では「霊が帰ってくる」とは考えないのだ。

そもそも『盂蘭盆経』自体が中国でつくられたものとされ、もともと日本にあった先祖崇拝と結びついて定着したのだろう。

お盆と同じ頃、餓鬼たちに食物を施す「施餓鬼会」がお寺で行なわれるが、こちらのほうが本来のお盆の趣旨に近いようだ。

お盆は仏教?

- ✿ 弟子のマウドガリヤーヤナ（目連）の母親が餓鬼道に堕ちて苦しんでいるのを哀れに思ったお釈迦さまが、「7月15日に供養すれば救われる」と教えたのが由来とされる
- ✿ 日本では、先祖の霊が帰ってくる日とされ、提灯でお迎えし、精霊流しで送り出す
- ✿ 盆踊り、大文字焼きなど、さまざまな行事も行なわれる

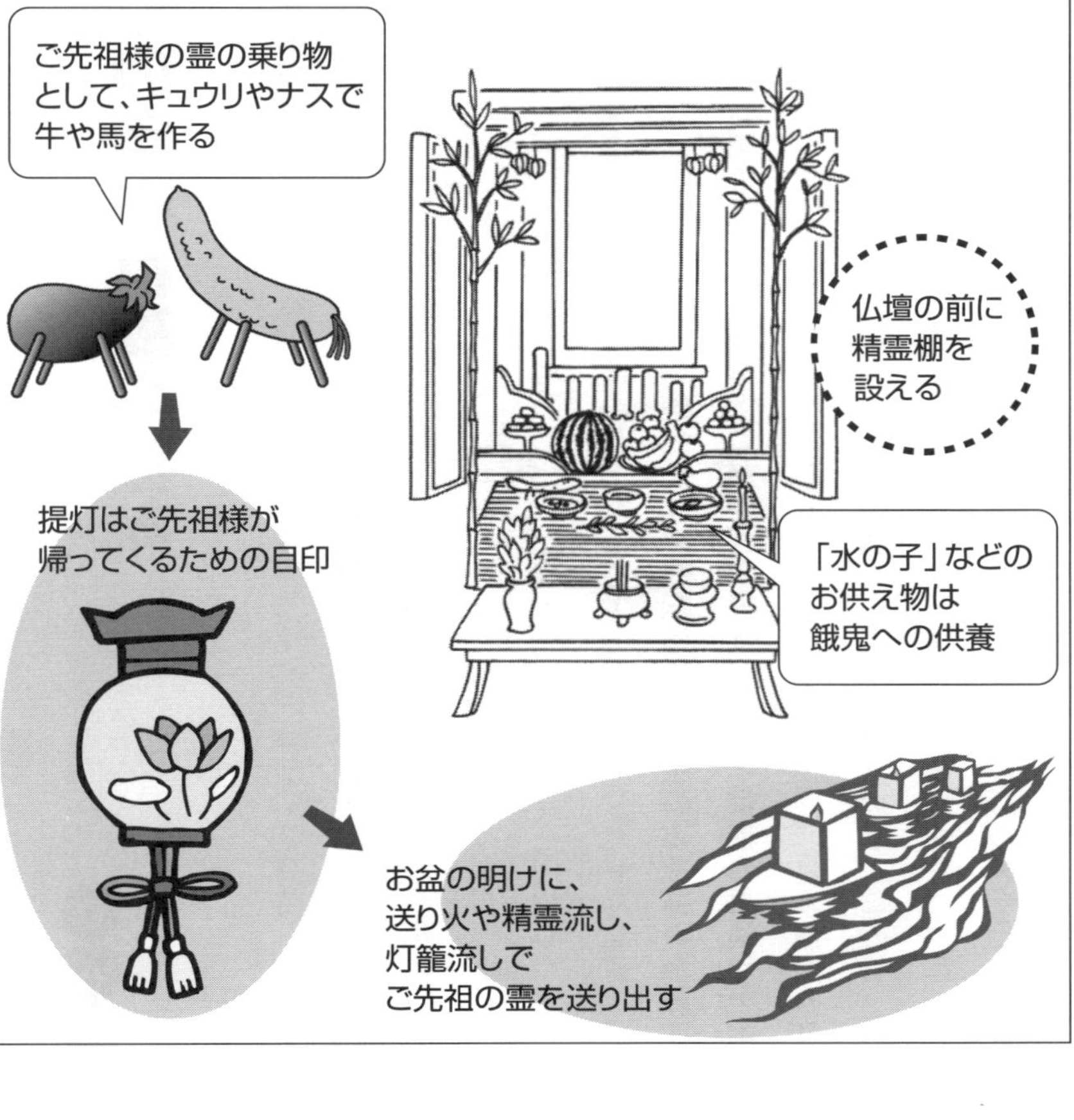
ご先祖様の霊の乗り物として、キュウリやナスで牛や馬を作る
仏壇の前に精霊棚を設える
提灯はご先祖様が帰ってくるための目印
「水の子」などのお供え物は餓鬼への供養
お盆の明けに、送り火や精霊流し、灯籠流しでご先祖の霊を送り出す

【法会】お釈迦さまゆかりの年中行事の数々

〇八四

季節の移ろいを告げるお盆やお彼岸をはじめ、私たちに親しみ深い伝統行事の中には、仏教に由来するものが多い。

お釈迦さまの生涯にちなんだものでは、誕生を祝う「灌仏会《かんぶつえ》」、悟りに至ったことを記念する「成道会《じょうどうえ》」、入滅をしのぶ「涅槃会《ねはんえ》」が「釈尊《しゃくそん》の三大法会《ほうえ》」として全国のお寺で催されている。

灌仏会は「花祭り」の呼び名のほうがお馴染みだろう（↓一八四頁）。三大法会の中では最も広く行なわれている。

成道会には、禅寺で「臘八大接心《ろうはつだいせっしん》」と呼ばれる座禅会が催される。十二月一日から八日の朝まで外界との交わりを一切断って不眠不休で座禅を続けるというハードなもの。鎌倉の円覚寺、福井の永平寺、京都の妙心寺などが有名だ。この日、昆布や串柿、青菜を入れたお粥を食べる習慣は、苦行の末に衰弱していたお釈迦さまが村娘スジャータの差し出した乳粥を飲んで心身を回復したという説話にちなんだものだ。

涅槃会には、お釈迦さま入滅の姿を描いた各寺院自慢の涅槃図が掲げられる。京都の東福寺・本法寺・大徳寺の「京都三大涅槃図」、日本最大の泉涌寺の大涅槃図などが知られている。この日、お菓子のあられや豆を供える風習があり、京都の真正極楽寺真如《しんにょ》堂では「お釈迦さんの鼻くそ」として親しまれる「花供祖あられ」が供される。

仏教に由来する主な年中行事

修《しゅ》正《しょう》会《え》	1月1日〜3日（14日までの場合もある） 年の初めに仏の道を歩む思いを新たにする。 中国由来といわれている。
涅《ね》槃《はん》会《え》（常楽会）	旧暦2月15日 お釈迦さまの入滅の日を記念する。 お寺には、釈迦が横たわる「涅槃図」が掲げられる。
お彼《ひ》岸《がん》	春分の日を中日とする7日間／秋分の日を中日とする7日間 ご先祖をしのぶとともに、 悟りの世界へと至る決意を新たにする。
花祭《はなまつ》り（灌仏会、仏生会）	4月8日 お釈迦さまの誕生を祝う。 生誕の地ルンビニーの花園にちなんで花を飾る。 甘茶を飲むのは、甘露を産湯にしたという故事に由来。
お盆（盂蘭盆会）	旧盆…7月13日〜16（15）日 月遅れ盆…8月13日〜16（15）日 餓鬼道に堕ちて苦しんでいた、お釈迦さまの弟子 マウドガリヤーヤナ（目連）の母を救い出すため 食べ物を布施して供養した説話に由来。
施《せ》餓《が》鬼《き》会《え》	お盆の頃 餓鬼道に堕ちて苦しむ者に食べ物を施して供養する。
成《じょう》道《どう》会《え》	12月8日 お釈迦さまが菩提樹の下で悟りを開いた日を記念。

○八五

【お彼岸】「あちら岸」に渡る決意を新たにする日

春と秋のお彼岸《ひがん》（彼岸会）といえば、お墓参りをする日としてお馴染みだ。三月の春分の日と九月の秋分の日をはさんだ前後三日間、それぞれ七日間にわたって行なわれる法事である。仏壇を清め、おはぎやぼたもちをお供えする。

彼岸とは川の「あちら岸」のこと。私たちが住んでいるのは此岸《しがん》（こちら岸）であり、生老病死その他もろもろの苦しみと悩みに満ちた世界だ。一方、あちら岸は、苦しみのない世界。

お釈迦さまの教えを学んで善行を積み重ねたりして、川の向こう岸の幸せな世界に渡ることを「彼岸に至る」という。サンスクリット語で「パーラミター」。般若心経の有名なフレーズ「般若波羅蜜多《はんにゃはらみた》」の「波羅蜜多」である。

お彼岸とは、彼岸へ至ろうという決意を新たにする日なのだ。

実はお彼岸はインドにも中国にもなく、日本でだけ行なわれている仏教行事。平安時代にはすでにあり、『源氏物語』にも登場する。

そもそもご先祖を供養するという考え方自体が仏教のものではない。おそらく日本に古来からある風習だ。太陽が真東から出て真西に沈む春分・秋分に行なわれることから、もともと日本にあった太陽崇拝が仏教と結びついたとも考えられる。西に沈んでいく夕陽を見ながら阿弥陀さまの西方浄土に生まれ変わることを祈るという信仰もある。

「お彼岸」の意味は？

- ✿ お彼岸は、苦しみに満ちた「此岸」から「彼岸」に渡る思いを新たにする日
- ✿ 日本独自の仏教行事
- ✿ 「先祖の供養」はもともと日本にあったもので仏教の考え方ではない

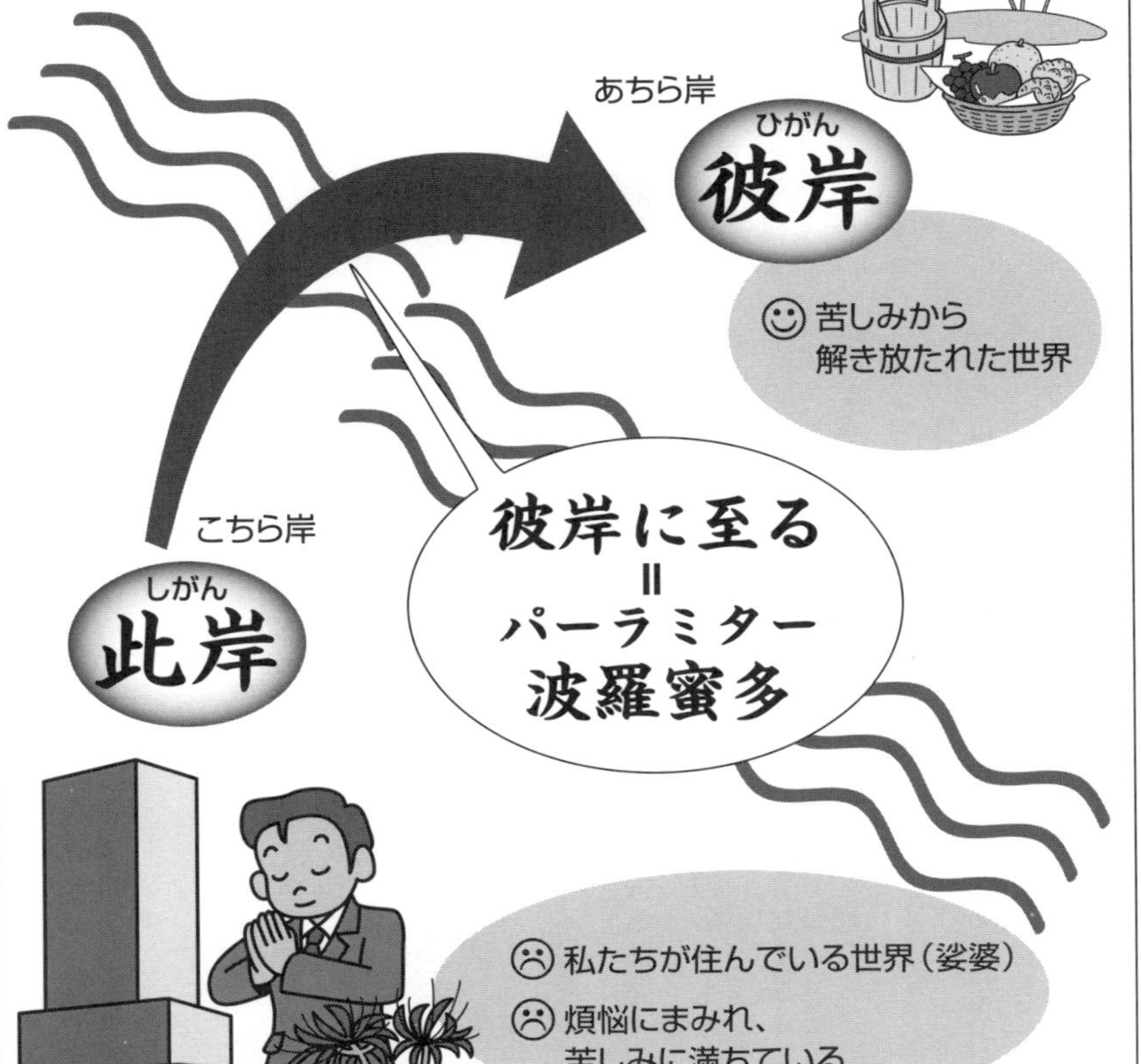

〇八六

【花祭り】なぜお釈迦さまに甘茶を注ぐ？

お釈迦さまに由来する行事の中で最も親しまれているのが「花祭り」だろう。お釈迦さまの誕生を記念する行事で「灌仏会」「釈尊降誕会」「浴仏会」などとも呼ばれている。

お寺には、生誕の地であるルンビニーの花園に見立てて花で飾られた花御堂《はなみどう》が設けられ、右手で天を、左手で地を指した立像「誕生仏」が甘茶を満たした「灌仏盤」の上に置かれる。この姿はお釈迦さまが生まれてすぐに「天上天下唯我独尊」と宣言した様子を表わしている。灌仏盤は、お釈迦さま誕生を祝って地から湧き出たとされる蓮の花をかたどっている。

法要の後に参詣者たちはひしゃくを手にして誕生仏に甘茶を注ぐ。この甘茶については、お釈迦さまの誕生を祝って天から降りてきた龍が甘露（不老不死の飲み物）を注いだという伝承に由来するという説、あるいは、甘露を産湯にしたという説がある。

誕生仏を白い象に載せて引っ張る稚児行列が催されることもある。お釈迦さまの母マーヤー夫人が見た「白い象が天から降りてきて右脇から胎内に入った」という夢にちなんでいる。

花祭りが盛大に行なわれるようになったのは、やはり春を迎えて花が美しさを増す時期だからであろう。地域によっては、季節の変わり目に祖先を祠る祭りとして定着している。

お釈迦さまの誕生を祝う「花祭り」

- 4月8日にお釈迦さまの誕生を祝う行事
- 宗派を問わず全国のお寺で行なわれる
- 灌仏会、釈尊降誕会、浴仏会とも呼ばれる
- 白象を引く稚児行列が催されるお寺もある

「白い象が天から降りてきて、右脇から胎内に入った」というお釈迦さまの母マーヤー夫人が見た夢にちなむ

甘茶を注ぐのは……
- 「甘露を産湯にした」という伝承にちなむ
- 「天から降りてきた龍がお祝いに甘露を注いだ」という伝承にちなむ

生誕の地ルンビニーの花園に見立てた「花御堂」

生まれてすぐ右手で天を、左手で地を指し「天上天下唯我独尊」と宣言している様子を 表わす「誕生仏」

地から湧き出て足を支えたと伝えられる蓮華をかたどった「灌仏盤」

【縁日】神さま仏さまと縁を結ぶ日

〇八七

神さま仏さま別・縁日カレンダー

観音さま（観世音菩薩）	毎月18日
お薬師さん（薬師如来）	毎月8日/12日
お地蔵さま（地蔵菩薩）	毎月24日
こくぞうさま（虚空蔵菩薩）	毎月13日
金毘羅さま（金毘羅）	毎月10日
聖天さま（歓喜天）	毎月16日
お不動さま（不動明王）	毎月28日
鬼子母神	毎月8日/18日/28日
摩利支天	亥の日
毘沙門さま（毘沙門天）	1月/5月/9月の最初の寅の日
大黒さま（大黒天）	甲子の日
弁天さま（弁財天・妙音天）	巳の日
帝釈天	庚申の日
閻魔さま（閻魔）	毎月16日
お大師さま（弘法大師）	毎月21日

お寺や神社の門前に屋台や露店が並ぶ「縁日」は、特定の神さまや仏さまと縁を結ぶ日。中国で定められた「三十日秘仏」と呼ばれる縁日カレンダーに沿って、それぞれの神仏ごとに日付が決まっており、その日にお参りすれば、ふだんの何倍ものご利益が得られるとされる。

観音さまには毎月18日の通常の縁日以外にも、「功徳日《くどくび》」という特別な縁日が定められている。7月9日～10日に催される東京・浅草の「ほおづき市」は、浅草寺の観音さまの功徳日にちなんだもの。通常の四万六千日分（！）のご利益が得られるとされている。寺院によっては「九万九千日」「十万七千日」といった功徳日もある。

〇八八

【除夜】鐘の数はなぜ百八回？

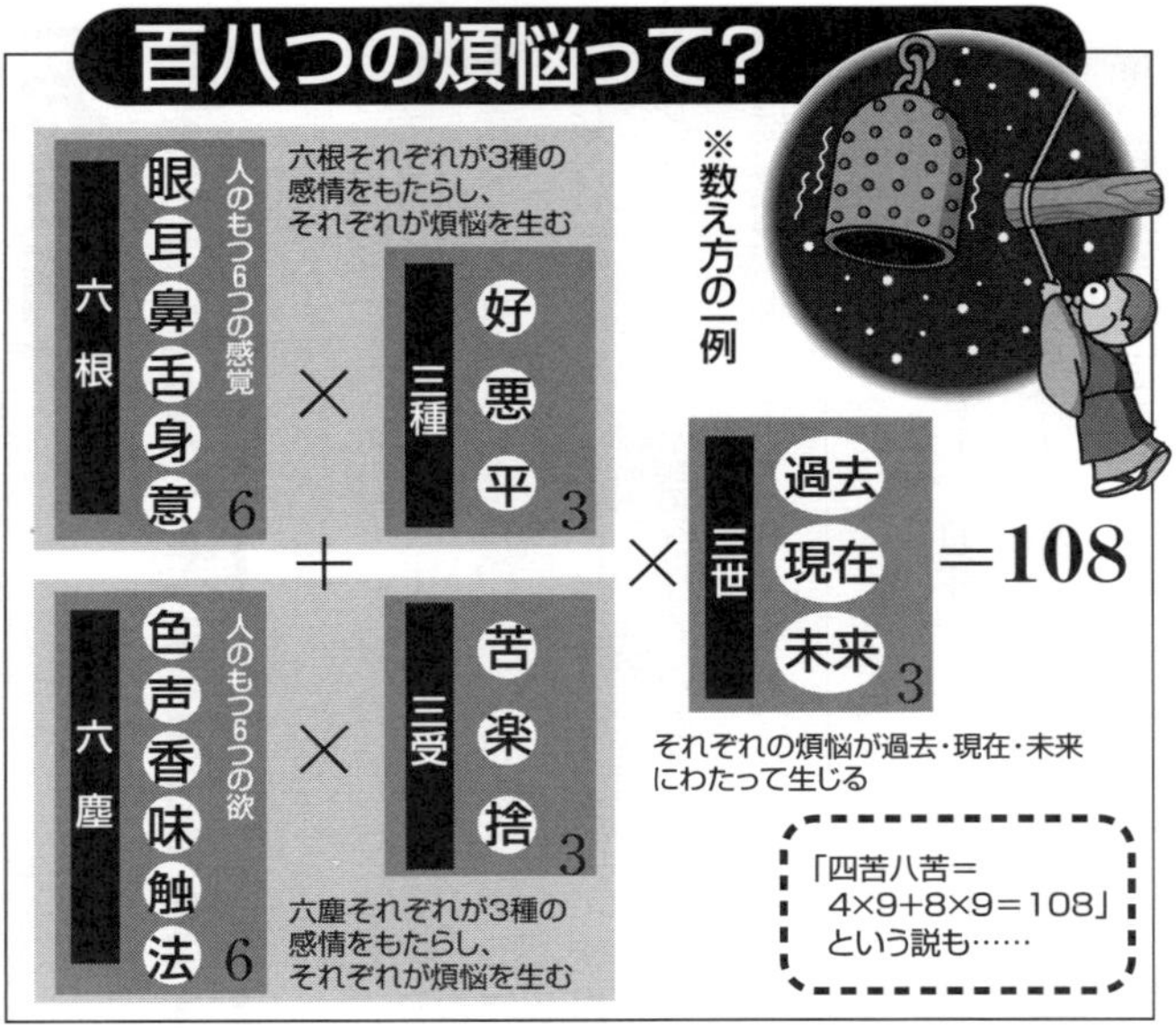

大晦日、全国のお寺では除夜の鐘をついて一年の罪を懺悔し、新たな年を迎える。鐘をつく回数は百八回と決まっており、俗に人間の煩悩の数を表わすとされている。

といっても煩悩は少なく数えて三つ（→五四頁）、細かく数えれば数万ともいわれる。百八という数え方はそのバリエーションの一つにすぎず、しかも百八説にもいくつかある。

煩悩の数ではなく、私たちを悩ますさまざまな苦しみを追い払うという意味で、「四苦八苦」を「4×9＋8×9」と見なして百八になるという説もある。ちなみに、ふだん朝夕お寺でついている鐘の数は十八回であることが多い。

【お日柄】なぜ「仏滅」は縁起が悪い？

ふだんまったく意識していなくとも、慶事・凶事になると誰もが気にするのが「お日柄」。カレンダーには必ずといっていいほど先勝、友引、先負……という「六曜」が記されている。中でも「仏滅」は「お釈迦さまの命日」とされ、あえてこの日に結婚式をあげるカップルは少ない。

六曜は中国で発祥し、日本では十四世紀に足利貴族の間で流行したのが始まりとされている。その後、月火水木……の「七曜」が有名になり、混同を避けるため「六輝《ろっき》」とも呼ばれる。

月の満ち欠けを基準にした旧暦のカレンダー上で月ごとにスタートの曜日が決まっており、先勝→友引→先負→仏滅→大安→赤口の順で繰り返す。旧暦では規則的なのだが、これを現代の新暦のカレンダー上で見ると、途中で繰り返しが途切れたりして、何やら意味ありげに見える。

ただし、「赤口」以外の名称は時代とともに変わっており、解釈はもちろん順番さえ途中で入れ替わっている。「仏滅」も、「空亡《くうぼう》」「虚亡《こもう》」が「物滅」となり、「仏」の字が当てられたもの。お釈迦さまが亡くなったとされる旧暦の二月十五日は必ず「仏滅」になるが、二月一日が友引と決まっているため、偶然そうなるにすぎないのだ。

キリスト教が日曜日を「キリスト復活の日」として休日にしたように、仏教徒もお休みがほしかったのかもしれない（!?）。

〇八九

六曜とは?

昔の六曜	速喜 則吉	留速 流速	周吉 小吉	空亡 虚亡 物滅	大安 泰安	赤口
現在の六曜	先勝	友引	先負	仏滅	大安	赤口
読み方	せんかち せんしょう さきかち	ともびき ゆういん	せんまけ せんぷ／せんぶ さきまけ	ぶつめつ	たいあん だいあん	しゃっく／じゃっく じゃっこう／しゃっこう せきぐち
基準日(旧暦)	正月・七月の一日	二月・八月の一日	三月・九月の一日	四月・十月の一日	五月・十一月の一日	六月・十二月の一日
一般的な意味	先んずれば勝つ。午前中は吉、午後は凶	凶事が友に及ぶ。祝い事は◎、凶事は×。午前中は吉、正午は凶、夕方は吉	先んずれば負ける。何ごとも控え目に。急用・争い事・公事を避け、静かに待つ。午前中は凶、午後は吉	仏も滅するほどの凶日。万事に凶	旅立ち・移転・開店・結婚など、万事◎	凶。赤口神という鬼神が災いをもたらす。赤口神が休む正午前後(午の刻)のみ吉。祝い事は×。火の元や刃物に注意

【供養】お供えの相手を間違えてませんか？

〇九〇

供養とは、サンスクリット語の「プージャー」の訳語で、仏さまなどにお供え物を捧げること。ものを与えるという行為だけでなく、供物を捧げる相手に対して何らかの形で尽くすことも含まれる。たとえば、お経を読むことも供養であるし、歌や踊りを捧げるといった供養もある。

華、お香、瓔珞《ようらく》（装身具）、抹香《まっこう》、塗香《ずこう》（身体に塗る香）、焼香、繒蓋《そうがい》（仏殿を飾る絹の天蓋《てんがい》）、幢《どう》幡《ばん》（仏殿を飾る幟《のぼり》）、衣服、伎楽を「十種」と呼ぶ。あるいは繒蓋と幢幡をひとつに数え、合掌を加えて十種とすることもある。

仏壇にお供えするアイテムについては「六種供養」として、閼伽水《あかすい》（仏さまに備える神聖な水）、塗香、華鬘《けまん》（花）、焼香（お線香）、食べ物・飲み物、灯明《とうみょう》（ロウソク）があげられる。

目的別では、故人の往生を祈る追善供養、新しいお墓や仏壇、仏像に「魂を入れる」とされている開眼供養、故人のために塔婆を立てる塔婆供養、餓鬼道で苦しんでいる餓鬼たちに施しをする施餓鬼供養などがある。

故人のために法要をする際にも、供養の対象はご位牌ではなく、あくまで仏・法・僧の三宝（→二四頁）。私たちが供養によって得る功徳を故人に振り向けていただく（回向《えこう》する）。さらには、すべての人々のために役立てていただくと考える心構えが大切だ。

さまざまな供養

卍 二種供養

- 利供養（財施）　仏前にお線香やお花、飲み物、提灯などを供える
- 法供養（法施）　お釈迦さまの教えを説いたり、修行するなど、利他的な行ない

卍 三種供養

- 利供養　仏前にお線香やお花、飲み物、提灯などを供える
- 敬供養　心から尊敬の念を捧げて礼拝する
- 行供養　教えを実行に移す。お経を唱えたり、六波羅蜜（→p.46）を暮らしの中で実行する

卍 四事供養

飲食、衣服、臥具《がぐ》、湯薬《とうやく》の供養。
お釈迦さまの時代から定められていた

卍 五供

塗香、花、焼香、飲食、灯明（ロウソク）

卍 六種供養

閼伽水、塗香、花、焼香、飲食、灯明

卍 十種供養

華、香、瓔珞（装身具）、抹香、塗香、焼香、
繒蓋、幢幡（荘厳具）、衣服、伎楽（音楽）
※繒蓋・幢幡をひとつに数え、合掌を加えることもある

【お遍路】弘法大師と「同行二人」

宗教上の聖地を巡ることを巡礼と呼ぶが、日本で最も知られているのが四国八十八箇所。弘法大師空海ゆかりのお寺を巡る旅だ。

弘法大師が四十二歳のときに開いたとされる八十八箇所の霊場を巡る巡礼のことをとくに「遍路《へんろ》」と呼び、巡礼者を「お遍路さん」と呼ぶ。白装束に菅笠《すげがさ》をかぶり、金剛杖《こんごうづえ》と呼ばれる杖を携えた独特のスタイルで知られている。

各霊場は「札所《ふだしょ》」と呼ばれ、一から八十八まで番号がついているが、順番に回らなければならないわけではない。各自の都合に合わせて少しずつお参りしていけばよい。

それぞれの札所では、名前を書いた「納札《のうさつ》」を納め、大師堂でお経を納めて納経帳に証明の印をいただく。

全長約一四五〇キロ。八十八箇所すべてを回ると「結願成就《けちがんじょうじゅ》」、その後、高野山金剛峯寺にお参りすると「満願成就《まんがん》」となる。

お遍路のキーワードは「同行二人《どうぎょうににん》」。ひとりでお遍路をしていても、弘法大師がいつも一緒であるという意味だ。

四国は平安時代にはすでに修行の場となっていたが、主に僧侶たちのものだった。しかし、社会制度の安定した江戸時代、お伊勢参りを代表とする現在の観光旅行のルーツとなるような巡礼が盛んになり、お遍路も庶民に広まった。

〇九一

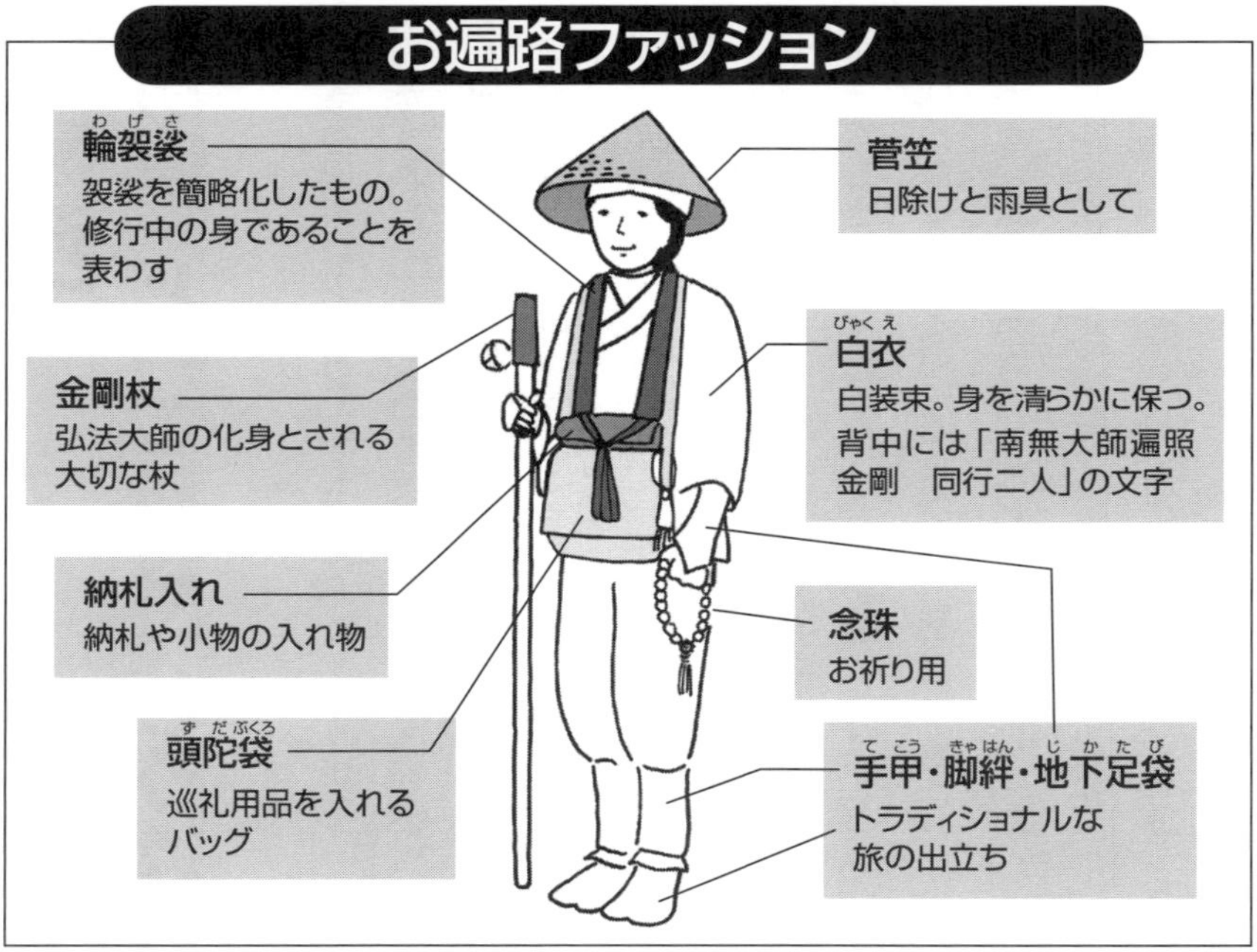
お遍路ファッション
輪袈裟《わげさ》
袈裟を簡略化したもの。修行中の身であることを表わす
菅笠
日除けと雨具として
金剛杖
弘法大師の化身とされる大切な杖
白衣《びゃくえ》
白装束。身を清らかに保つ。背中には「南無大師遍照金剛　同行二人」の文字
納札入れ
納札や小物の入れ物
念珠
お祈り用
頭陀袋《ずだぶくろ》
巡礼用品を入れるバッグ
手甲《てこう》・脚絆《きゃはん》・地下足袋《じかたび》
トラディショナルな旅の出立ち

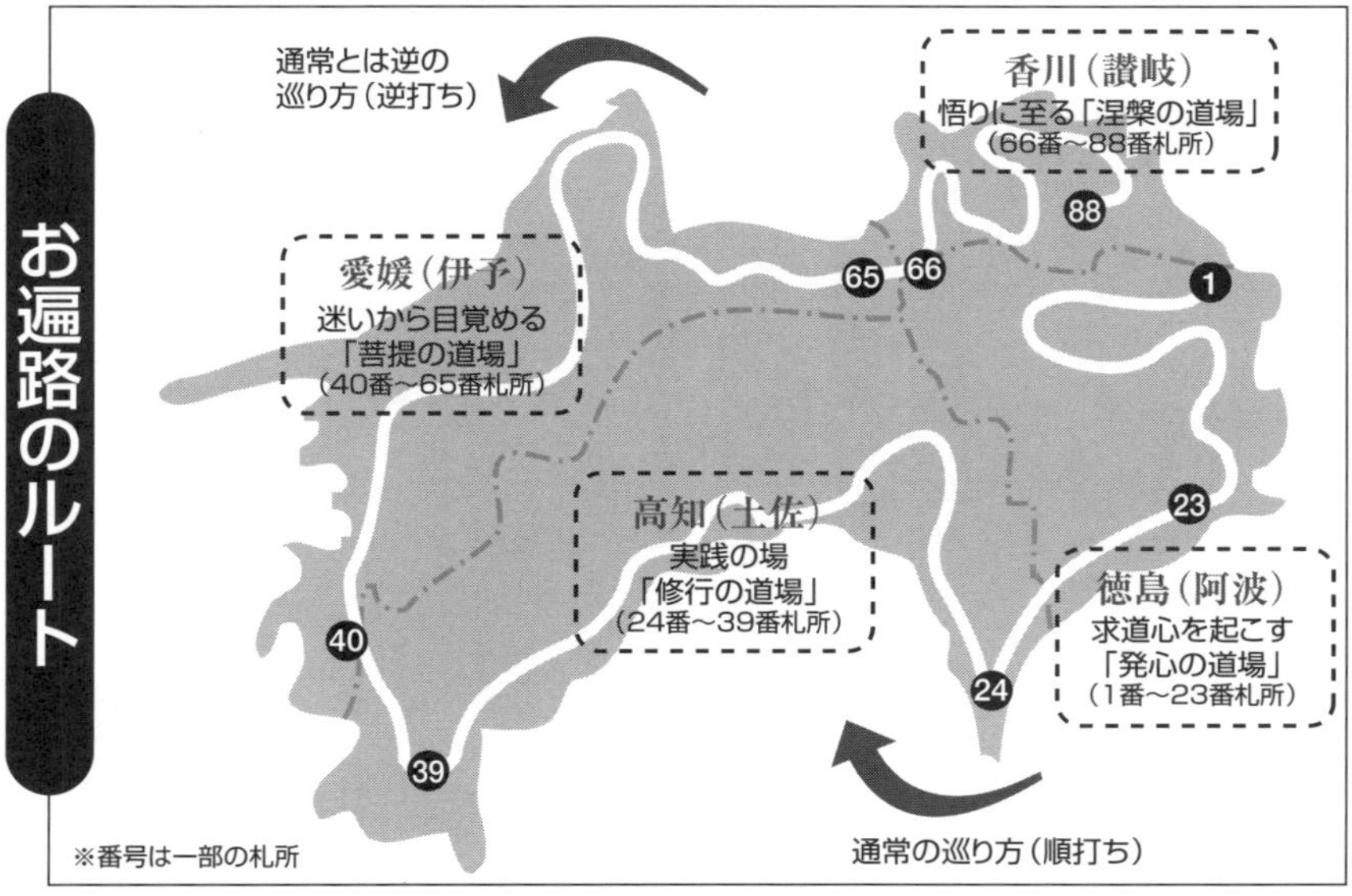
お遍路のルート
通常とは逆の巡り方（逆打ち）
香川（讃岐）
悟りに至る「涅槃の道場」
（66番～88番札所）
愛媛（伊予）
迷いから目覚める「菩提の道場」
（40番～65番札所）
高知（土佐）
実践の場「修行の道場」
（24番～39番札所）
徳島（阿波）
求道心を起こす「発心の道場」
（1番～23番札所）
88
65
66
1
23
40
24
39
※番号は一部の札所
通常の巡り方（順打ち）

〇九二

【ご利益】「功徳」と「ご利益」どう違う？

お寺や神社にお参りした結果、何かいいことがあったときに「ご利益《りやく》があった」などと言う。お参りが「効いた」というニュアンスだ。

仏教でいう「ご利益」とは本来、善行の積み重ねを通して得られるもの。仏さまの教えに従って正しい行ないを心がけた結果、仏さまが私たちにくださるものだが、どうも途中の「善行」の部分が抜けてしまいがちだ。何かしたかといえば、お札を貼っただけ、といった虫のいい願掛けも多い。

しかも、私たちの考えるご利益というのは「商売繁盛」「家内安全」「恋愛成就」といった身近な現世利益ばかりである。商売繁盛などは、ご利益というよりは利益《りえき》のほうだ。

たとえば親鸞は『教行信証《きょうぎょうしんしょう》』の中で、信心によって得られる十種のご利益をあげている。その中には「商売繁盛」や「交通安全」はない。仏さまや神さまに守られながら浄土へ行ける――本来これがご利益なのだ。

しかし、理屈はそうでも、お寺自身がさまざまな現世利益を売り物にしているのは事実。それを通して仏さまの本来の教えに興味をもってもらえればいいのだが。

ご利益と似た言葉に「功徳《くどく》」がある。こちらは善行を積み重ねることによって自ら得るもの。だれかがくれるものではない。一方、ご利益は他から与えられるもの。仏さまからの恵みだ。

現世での十種のご利益

親鸞『教行信証』より

卍 冥衆《みょうしゅ》護《ご》持《じ》の益
天の神々がいつも見守ってくれる

卍 至《し》徳《とく》具《ぐ》足《そく》の益
このうえなく尊い功徳がそなわる

卍 転悪成善の益
罪悪が、念仏を唱えようという功徳に転じる

卍 諸仏護念の益
諸仏が護ってくれる

卍 諸仏称讃の益
諸仏にほめ讃えられる

卍 心《しん》光《こう》常《じょう》護《ご》の益
阿弥陀如来の光明に常に照らされ、救いを受けられる

卍 心多歓喜の益
浄土に迎えられることを知り、心が喜びに満たされる

卍 知恩報徳の益
如来の恩を知り、恩に報いながら暮らせる

卍 常行大《じょうぎょうだい》悲《ひ》の益
如来の慈悲の心を人に伝えることができる

卍 入正定聚《にゅうしょうじょうじゅ》の益
仏になることが定まる

【加持祈禱】密教のパワーで願いをかなえる

○九三

「加持」とは一般に仏さまのご加護のことをいう。密教では、仏さまがもたらす慈悲の力を「加」、信心をもった私たちがこれを感じ取ることを「持」と見なしている。

僧侶は手でさまざまな印を結び、真言《しんごん》（マントラ）を唱える。真言とはそれぞれの仏さま神さまごとに決まっている「真実の言葉」。音そのものが重要なため、インドの発音で唱えられる。

真言密教が人気を博したのは、現世利益をかなえる加持祈禱を行なって平安時代の貴族の間に浸透したからだ。密教が大衆化すると、病気が治るよう祈ったり、安産をお願いしたり、人生の節目節目で加持祈禱が盛んになった。

パワフルな真言

不動明王	のうまくさんまんだ ばざらだん せんだん まかろしゃだ そわたや うんたらた かんまん
阿弥陀如来	おん あみりた ていせい からうん
大日如来	おん あびらうんけん ばざら だどばん
薬師如来	おん ころころ せんだり まとうぎ そわか
地蔵菩薩	おん かかか びさんまえい そわか
十一面観世音菩薩	おんまか きゃろにきゃ そわか

〇九四

【護摩】どんなご利益がある？

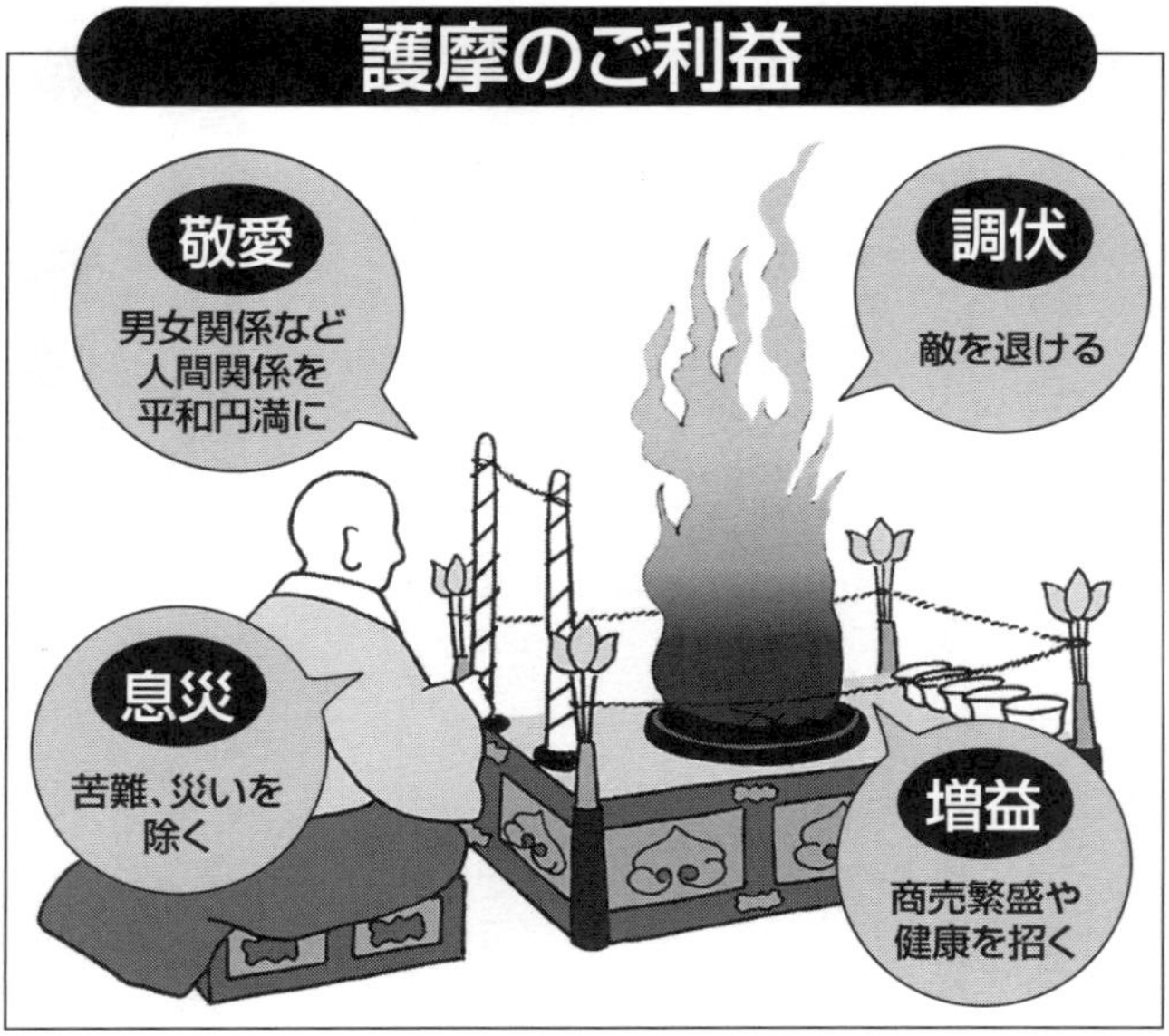

「護摩《ごま》」の語源はサンスクリット語の「ホーマ」。「焚く」「焼く」という意味だ。古代インドのバラモン教の儀式を密教が取り入れたもの。日本では主に真言密教で行なわれる修法で、護摩木という薪を焼いた火に、穀物などの供物を投じて祈願する。護摩木を煩悩と見立て、智慧の炎で煩悩を焼き尽くす。

祈りの対象は主に不動明王。僧侶はお経を唱えながら手でさまざまな印を結び、神さまや仏さまを順々に護摩壇に招き入れ、供物を捧げる。

護摩の目的には、敬愛（男女関係など）、調伏（敵を退ける）、息災（災いを除く）、増益（商売繁盛や健康）の四種類がある。

【精進料理】

「厳格な仏教徒」がベジタリアンとは限らない

〇九五

仏教徒が守るべき最も基本的なルール「五戒」（→六二頁）のひとつに「殺さない」があることから、肉を食べるのは好ましくないという考え方が生まれるのは自然なことだ。そこで登場したのが、菜食を基本とする精進料理である。

ただし、お釈迦さまの時代には「三種の浄肉」（自分が殺していない・殺されるところを見ていない・自分のために殺されたことを知らない）を食べることは許されていた。もともと仏教徒は厳格なベジタリアン志向ではなかったのだ。実際、お釈迦さまの時代の戒律を守っているタイやミャンマーなどの上座部仏教圏では、精進料理は発達しなかった。仏教と菜食主義は、古くから「薬食同源」（料理は薬である）の土壌があった中国で結びついたと考えられる。

日本で精進料理を広めた第一人者は、宋に渡って禅を学び、帰国後に曹洞宗を開いた道元だ。日頃の行ないそのものが禅であるという認識から、永平寺で僧侶のための食事を用意する責任者「典座」の心構えを『典座教訓《てんぞきょうくん》』に著した。また、禅寺での食事の詳細な作法を著書『赴粥飯法《ふしゅくはんぽう》』で説いている。いずれも精進料理のバイブル的存在だ。

禅寺の質素な食事だった精進料理は、寺院以外にも大きな影響を及ぼした。本来の目的とは離れて高級感を帯び、日本料理を代表する懐石料理のルーツともなった。

精進料理は中国で生まれた？

お釈迦さまの時代（インド）

五戒　仏教徒として守るべき基本的な5つのルール

殺さない　盗まない　淫らなセックスをしない　嘘をつかない　酒を飲まない

ただし、「三種の浄肉」を食べるのは許された

- 自分が殺していない
- 殺されるところを見ていない
- 自分のために殺されたことを知らない

厳密な菜食主義ではない

中国

「薬食同源」思想と結びつき、僧が菜食を重視

料理は薬である

禅宗寺院を中心に精進料理が発展

日本

曹洞宗開祖・道元が宋から日本に伝える

『典座教訓』『赴粥飯法』を著す

禅寺で僧侶のための食事を用意する責任者「典座」の心構えを説く

禅寺での食事の詳細な作法を示す

高級化

和風精進料理　懐石料理

【仏教語】

「馬鹿」も「畜生」も仏教がルーツ！

〇九六

挨拶、安心、有頂天、出世、正念場、利益——ふだん何気なく使っている言葉の中には、仏教をルーツとするものが少なくない。

たとえば「安心」はもともと「あんじん」と読み、信仰によって心の安らぎを得て、何ごとにも動じない境地のこと。「有頂天」は、仏教が説く三つの世界「欲界」「色界」「無色界」のうち、最上の無色界の中でも頂点に位置する場所を示す。

輪廻の六つの世界といえば、天道・人道・修羅道・畜生道・餓鬼道・地獄道。このうち「修羅」はサンスクリット語の「アスラ」を音訳した「阿修羅」の略語。アスラたちはまさに「阿修羅のような形相で」常に戦いに明け暮れていることから、「修羅場」という言葉が生まれた。「畜生」はもともと人間以外の動物を意味する。また、「餓鬼」は飢えと渇きに苦しめられてガツガツしている様子から、子どもを卑しむ言葉になった。

「夜叉《やしゃ》」「般若《はんにゃ》」は、いずれも恐ろしげな女性の形相を表わす言葉として知られている。「夜叉」は確かに「ヤクシャ」という鬼神のことだが、「般若」はサンスクリット語の「プラジュニャー」の音訳であり、真理を悟る智慧を意味する言葉。ずいぶん意味が変わってしまったものである。

そして「馬鹿」。「愚妄」「無明」などと訳されるサンスクリット語「モーハ」の音写「莫迦《ばか》」に由来する、れっきとした仏教語なのだ。

仏教に由来する言葉たち

愛嬌	元は「愛敬」（あいぎょう）。『観音経』で「尊敬すること」「愛すること」
挨拶	禅語。師匠が弟子に問い、力量を計ること
あうん	サンスクリット語の最初の文字「ア」＋最後の文字「フーム」の音写
あまのじゃく	仁王や四天王が踏みつけている小さな鬼神「邪鬼」から
一大事	『法華経』で「仏が世に出現するという重大な事」
親玉	数珠の中に一つだけある大きな珠
瓦	サンスクリット語「カパーラ」（皿、器、焼き物、頭蓋骨）の音写
甘露	古代インド神話で不老不死の飲み物とされる「アムリタ」の漢訳語
出世	世間（迷いの世界）を出ること、お釈迦さまが世に出たこと
正念場	実践すべき正しい行ない「八正道」のひとつ「正念」から
刹那	サンスクリット語「クシャナ」（瞬間）の音写。1/75秒（『大毘婆沙論』）
醍醐味	『涅槃経』で極上の乳製品（バター）
旦那	サンスクリット語「ダーナ」（布施、施主）の音写
塔	サンスクリット語「ストゥーパ」（仏塔）の音写。英語の“tower”も同じ
道化	仏の道を説く「道法教化」から
道楽	仏の道を追求する楽しみ
奈落	サンスクリット語「ナラーカ」（地獄）の音写
馬鹿	サンスクリット語「モーハ」（無明、愚妄）の音写
ひどい	仏の道を外れた「非道」から
ふしだら	「スートラ」（サンスクリット語で経典、縦糸）がないほど乱れていること
摩訶（不思議）	サンスクリット語「マハー」（大きい）
夜叉	サンスクリット語「ヤクシャ」の音写。仏法を守る鬼神たちの一員
利益	仏の教えによって得られる幸せ

コラム 6

仏教に心酔するハリウッドスターたち

一九五九年、ダライ・ラマ十四世がチベットを脱出するのに前後して、チベットから多くの高僧たちが亡命した。彼らはインドやネパール、アメリカやヨーロッパに布教の場を設け、チベット仏教が世界に広がる種をまいてきた。

こうした動きの中で、音楽や映画などの分野からチベット仏教、チベット文化のサポーターとも言える有名人が続々登場している。

最も有名なのがリチャード・ギアである。インタビューなどで積極的にチベットの話題を持ち出し、自ら基金を設けてチベットの難民社会や僧院の支援に勤しんでいる。

女優のユマ・サーマンの「ユマ」はチベット語の「ウマ」（中観哲学）のこと。三人の兄弟は皆チベット語のミドルネームをもつ。名づけた父親ロバート・サーマンは、チベット仏教研究の第一人者である。

ハリソン・フォードは、ダライ・ラマ十四世の自伝映画『クンドゥン』の脚本を手がけた妻メリッサ・マシスンとともに熱心なチベットサポーターとして知られる。

アクション俳優のスティーブン・セガールは、チベットの高僧の生まれ変わりとして認定されている。血なまぐさい映画で活躍しつつ、一方では高僧の系譜を受け継ぐべく、ネパールで寺院の復興に励んでいる。

第七章

お葬式とお墓

私たちが仏教を意識するとき

【菩提寺・檀家】先祖代々お世話になるはずが……

◯九七

菩提《ぼだい》とはサンスクリット語「ボーディ」の音写で、仏の境地のこと。死者が仏の境地に向かうよう供養することを「菩提を弔《とむら》う」といい、不幸があったとき、葬儀を営んでもらうお寺を菩提寺《ぼだいじ》と呼ぶ。お墓も菩提寺にあることが多い。

菩提寺に属する先祖代々からの会員のような存在が檀家《だんか》だ。お寺とのおつきあいが希薄になった今日では、自分がどこの檀家なのか、つまり菩提寺がどこなのか、ふだん意識する機会はほとんどない。不幸があってから「そういえば、どこだろう!?」と慌てる人も少なくない。

菩提寺と檀家の関係はもともと、国が仏教やキリスト教といった宗教の動きを管理するためにつくりあげた仕組みだった。

室町時代、本願寺をはじめとする仏教教団は幕府と対峙するほどの強大な力をもつようになった。江戸幕府は仏教界を管理するために「本末《ほんまつ》制度」を導入。各宗派の本山を頂点にしたピラミッド構造で全国の寺院を管理する仕組みをつくった。

キリスト教徒（切支丹《きりしたん》）による「島原の乱」が起こると、隠れ切支丹を取り締まるため、人々が必ずどこかの寺の檀家になるよう「宗門《しゅうもん》改め」が行なわれた。菩提寺が檀家に発行する「寺請証文《てらうけしょうもん》」が事実上の身分証明書となり、菩提寺は檀家の戸籍を管理する役割を果たした。こうして檀家と菩提寺の密接な関係が始まったのだ。

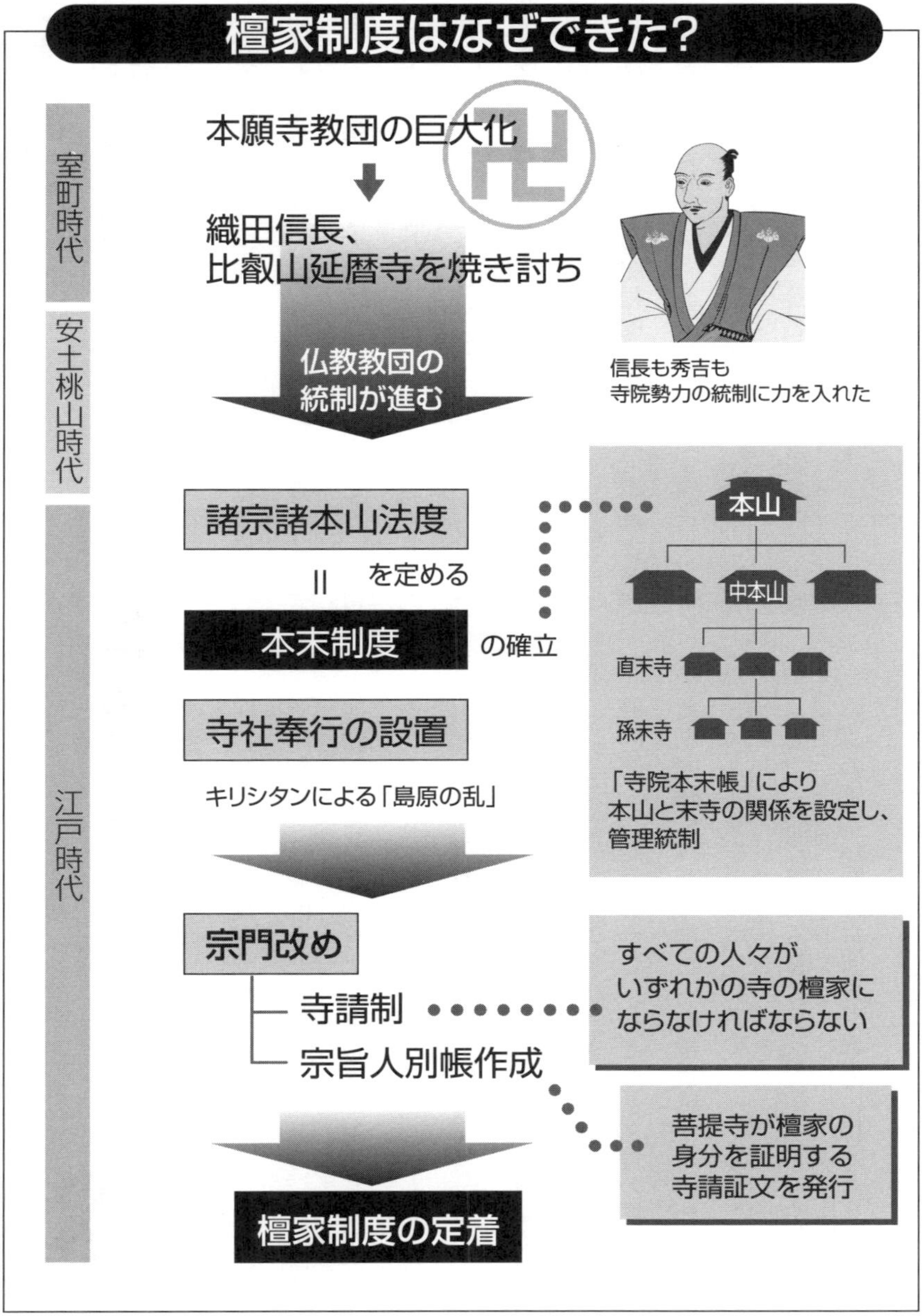
檀家制度はなぜできた？
室町時代
安土桃山時代
江戸時代
本願寺教団の巨大化
織田信長、
比叡山延暦寺を焼き討ち
仏教教団の
統制が進む
信長も秀吉も
寺院勢力の統制に力を入れた
諸宗諸本山法度
を定める
＝
本末制度
の確立
本山
中本山
直末寺
孫末寺
「寺院本末帳」により
本山と末寺の関係を設定し、
管理統制
寺社奉行の設置
キリシタンによる「島原の乱」
宗門改め
寺請制
すべての人々が
いずれかの寺の檀家に
ならなければならない
宗旨人別帳作成
菩提寺が檀家の
身分を証明する
寺請証文を発行
檀家制度の定着

【お葬式】

お通夜、葬儀、告別式はどう違う？

〇九八

お通夜《つや》とは、文字通り夜通し故人の側で最後の別れを惜しむ時間である。遺された者にとって、まだまだ死を受け入れ難いという場合も多い。親族があちこちに離れて住んでいるのが当たり前の今日では、近くに住む親族だけでまず「仮《かり》通夜」を営み、葬儀の前日、遠方から駆けつけた親族や親しい知人のために「本通夜」が営まれる。夜通しではなく一～三時間程度で終わる「半通夜」が主流だ。

葬儀は本来、家族や親族が故人をあの世に送り出すための宗教儀礼。僧侶が故人を仏の世界に導き入れることを「引導《いんどう》を渡す」という。

一方、告別式は生前故人と親交のあった広い範囲の知人らが最後の別れを告げる式典。宗教儀礼ではなく、社会的なセレモニーである。自由民権運動で有名な明治時代の思想家・中江兆民が亡くなったとき、遺言に従って宗教色を排した告別式が行なわれたのがルーツとされている。

何かとせわしない今日では、時間短縮のため葬儀と同時に告別式を行なう「葬儀・告別式」が一般的になった。しかし、もともと主旨の異なる式典を同時に行なうことへの抵抗感がないわけではない。親族で「密葬《みっそう》」を営み、一般向けには「偲《しの》ぶ会」「お別れ会」を営むというスタイルが増えているのは、葬儀と告別式を本来の目的通り別々に行なおうという回帰の動きとも考えられる。

お通夜、葬儀、告別式の違いは？

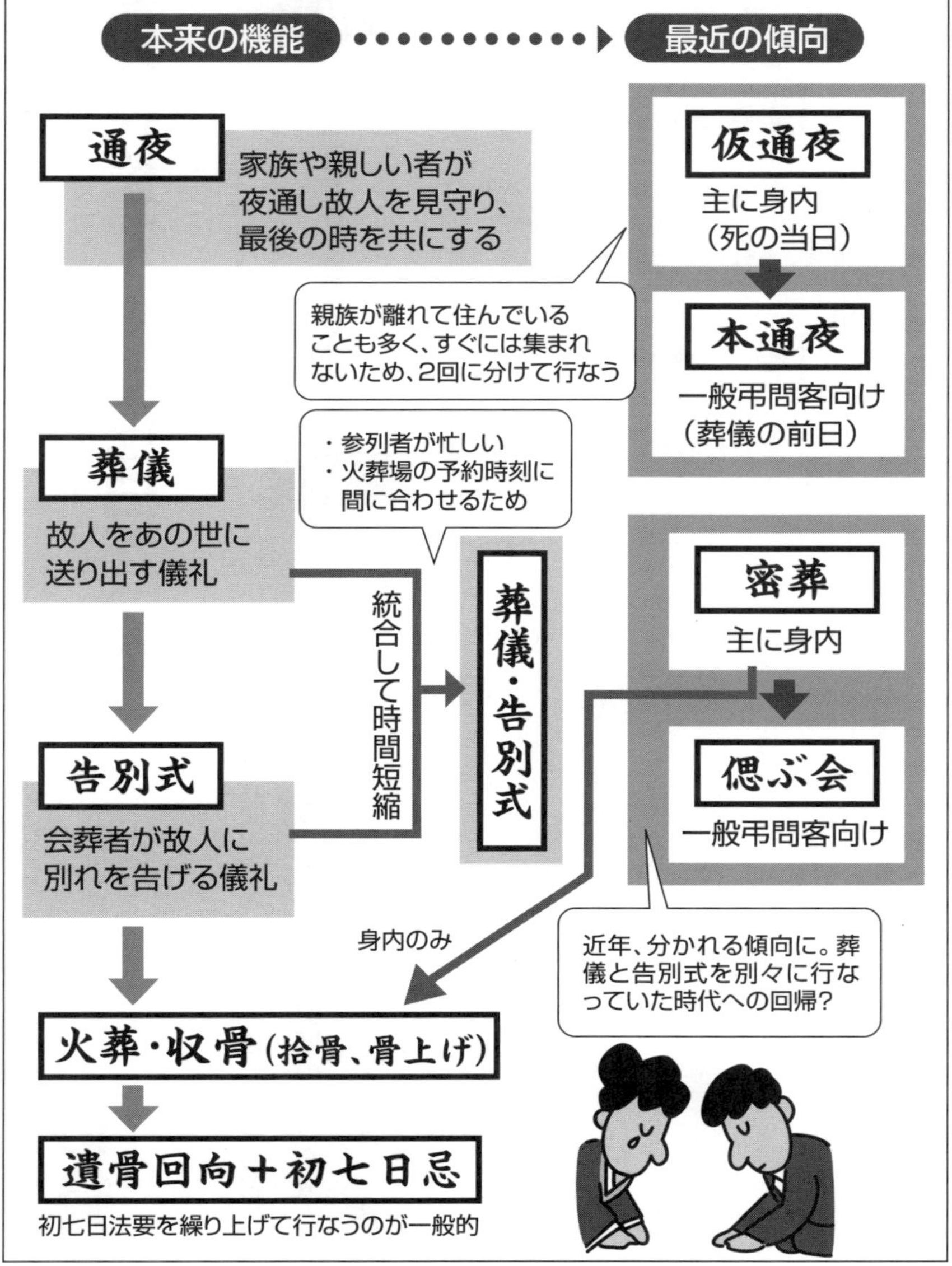
本来の機能
最近の傾向
通夜
家族や親しい者が夜通し故人を見守り、最後の時を共にする
仮通夜
主に身内（死の当日）
親族が離れて住んでいることも多く、すぐには集まれないため、2回に分けて行なう
本通夜
一般弔問客向け（葬儀の前日）
葬儀
故人をあの世に送り出す儀礼
・参列者が忙しい
・火葬場の予約時刻に間に合わせるため
統合して時間短縮
葬儀・告別式
密葬
主に身内
偲ぶ会
一般弔問客向け
告別式
会葬者が故人に別れを告げる儀礼
身内のみ
近年、分かれる傾向に。葬儀と告別式を別々に行なっていた時代への回帰？
火葬・収骨（拾骨、骨上げ）
遺骨回向＋初七日忌
初七日法要を繰り上げて行なうのが一般的

〇九九

【喪服】明治時代まで、喪服は白だった

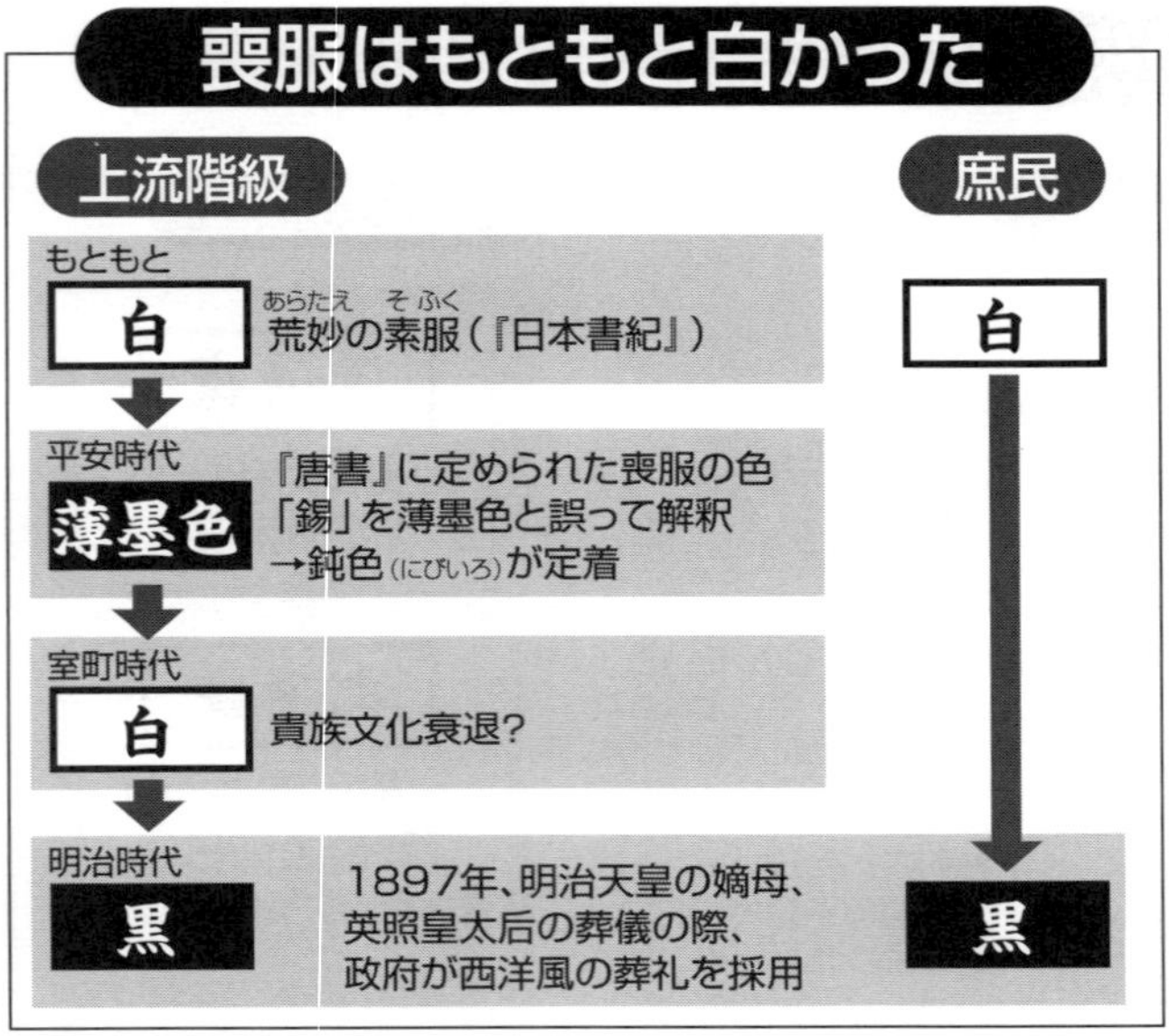

日本人の喪服が白かったことは『日本書紀』にも記されている。平安時代、中国の風習を取り入れようとした皇室が、『唐書《とうじょ》』にある「錫《しゃく》」を薄墨色と解釈して採用した。しかし、実際には「錫」は白い麻布のこと。『源氏物語』にも登場する「鈍《にび》色《いろ》」の喪服は、誤訳の産物だったのだ。

ただし、庶民の喪服は一貫して質素な白だった。黒づくめになったのは明治時代。英照皇太后の葬儀にあたり、欧米諸国に肩を並べる意味で西洋風の葬礼を取り入れたのが定着した。黒留袖や黒紋付など、本来おめでたかったはずの黒は、外国に合わせるために二転三転したあげく、忌まわしいイメージを代表する色になってしまったのだ。

一〇〇

【数珠】文字通り「数える珠」だった

数珠は一般に煩悩を消し去り、心身を清めるためのものとされるが、その名の通り、数をカウントする機能もある。玉の数は本来、人間のもつ煩悩の数を表わす百八。一つひとつ繰りながら、煩悩を一つずつ滅していく。今日の数珠は、半数の五十四個、二十七個などの場合が多い。

最近では百円ショップでも売られている数珠だが、あなたはご自分の宗派のものをお持ちだろうか？　宗派によって玉や房の形が違い、意味づけも持ち方も異なる。じゃらじゃらとこすり合わせるのを良しとする宗派もある一方、浄土真宗ではすり合わせることをしないし、数珠で煩悩を滅するという考え方もない。

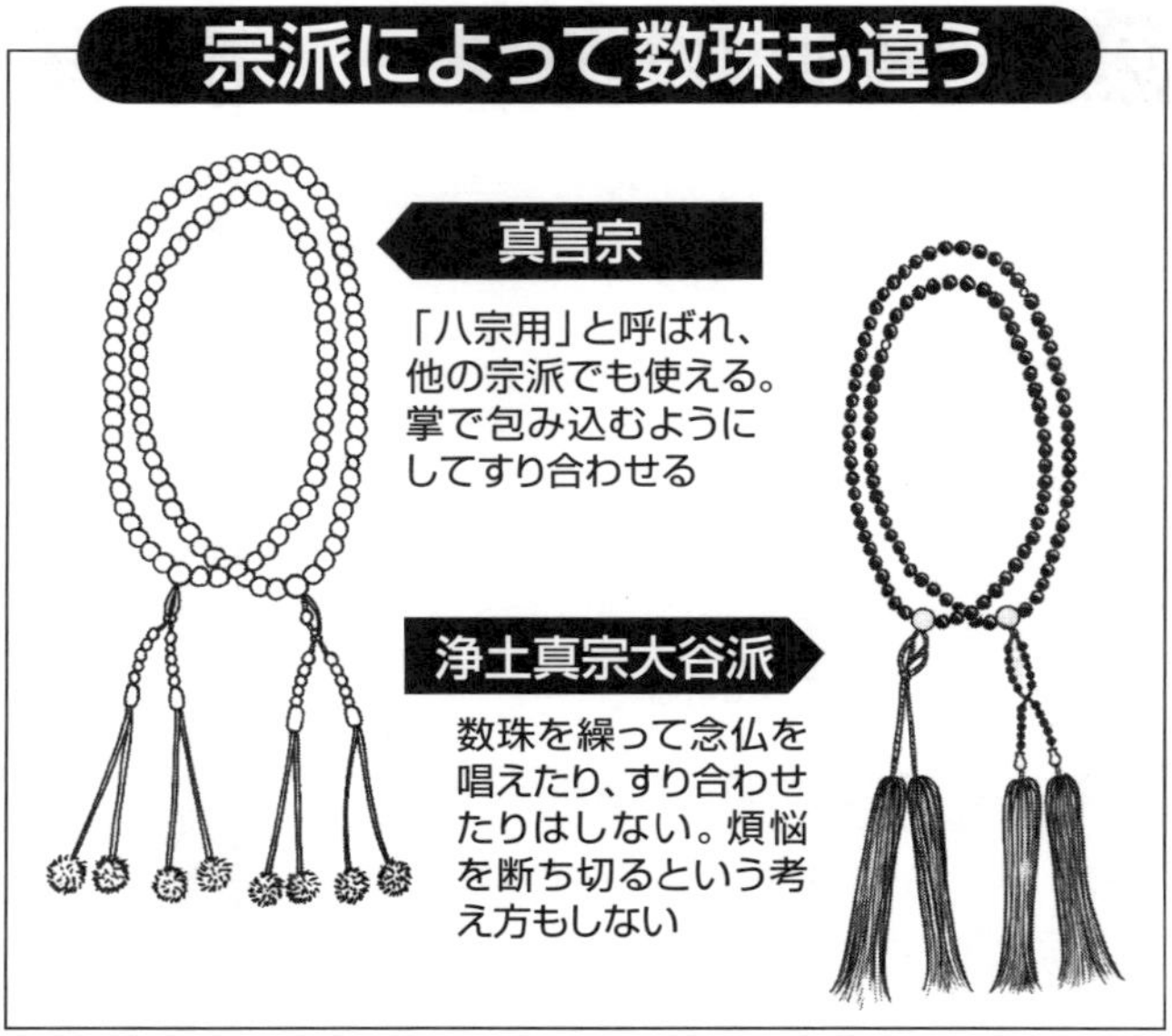
宗派によって数珠も違う
真言宗
「八宗用」と呼ばれ、他の宗派でも使える。掌で包み込むようにしてすり合わせる
浄土真宗大谷派
数珠を繰って念仏を唱えたり、すり合わせたりはしない。煩悩を断ち切るという考え方もしない

一〇一

【焼香】複雑な作法よりも気持ちが大切

葬儀に参列してまず不安になるのが焼香の作法だろう。線香の本数、お香をつまんで額におしいただく回数も宗派によりまちまちだ。

真言宗では焼香は三回。線香は三本立てる。三宝（仏・法・僧）に捧げるから「三」なのだ。

曹洞宗は二回。一回目は額におしいただき、二回目はそのまま香炉に入れる。線香は一本だけだ。

浄土真宗ではそもそも額におしいただくことをしない。自らの心身を清めるという意味があり、回数は本願寺派が一回、大谷派が二回。線香は折って香炉の中に寝かせる。

もっとも、そんな知識を備えている人は稀。大切なのは心から供養しようという気持ちである。

焼香の回数と線香の数

	焼香の回数	線香の数
真言宗	3回	3本
天台宗	3回	3本
臨済宗	1～2回	1本
曹洞宗	2回	1本
浄土宗	1～3回	1本を二つに折る
浄土真宗本願寺派	1回	1本を二つに折り、寝かせて置く
浄土真宗大谷派	2回	折って火をつけないで供える
日蓮宗	1～2回	1本

【戒名】本来は生前に授かるもの

一〇二

戒名の種類

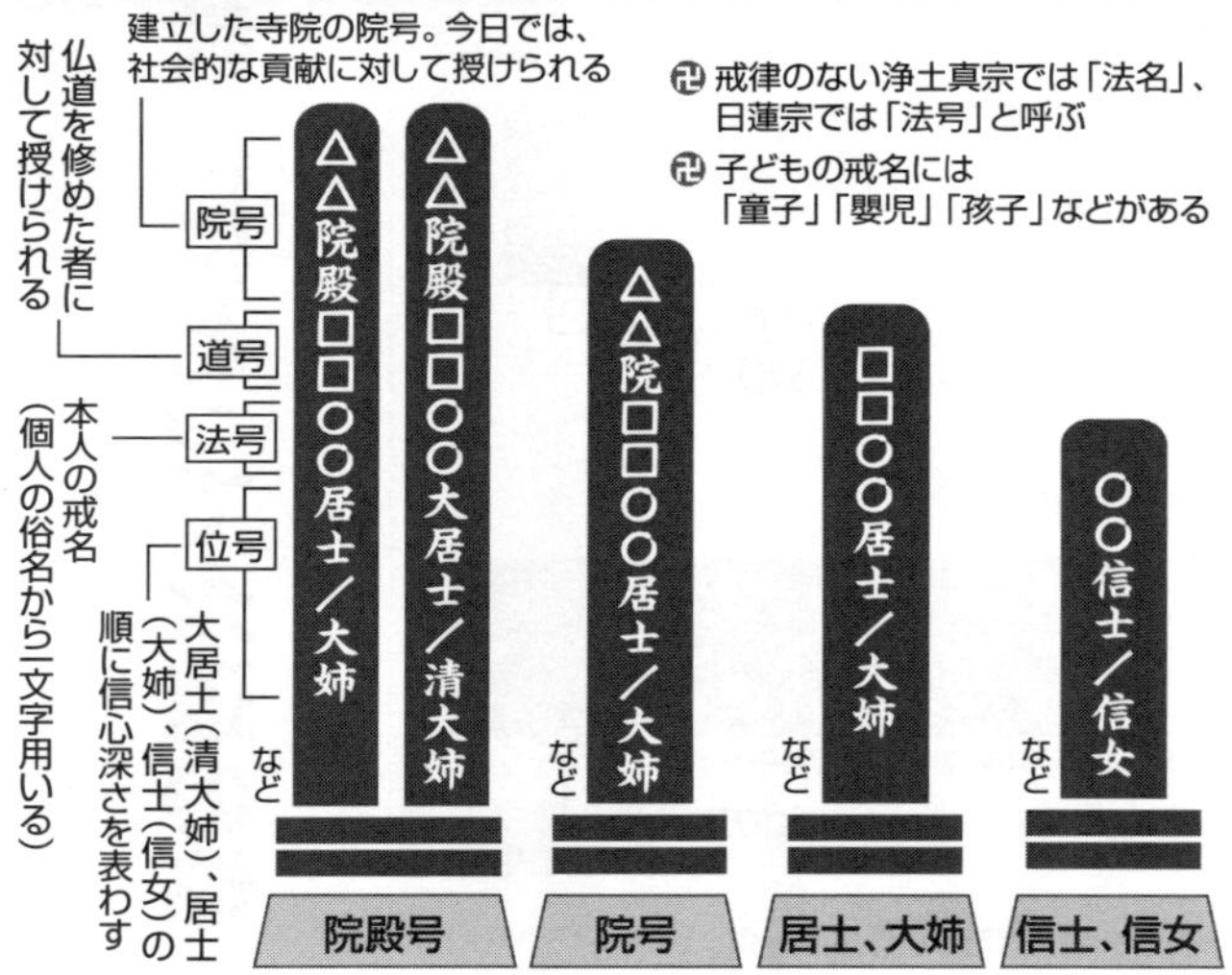

戒名《かいみょう》は「死者の名前」ではない。仏教者として守るべき戒律を受けた者に対して授けられる名前である。本来なら生きている間に戒律を守って仏教者としての生活を送ることが理想だが、あれこれあってかなわなかったため、遅ればせながら亡くなってから授かるのだ。

戒名は院号、道号、法号、位号からなり、信心深さ（概ねお布施の額に相当する）に応じてランクがある。院号・道号なしで、故人の俗名から一文字とってつける「法号」＋「信士《しんじ》」（女性は信女《しんにょ》）というのが「並」ランクのようだ。

そもそも戒律のない浄土真宗では「法名《ほうみょう》」と呼び、日蓮宗では「法号」と呼ぶ。

一〇三

【お布施】仏教徒にとって永遠の悩みの種？

お布施《ふせ》とは慈悲の心をもって財物を施すこと。悟りに至るために実践すべき「六波羅蜜《ろくはらみつ》」のひとつにあげられている。サンスクリット語では「ダーナ」。転じて「旦那《だんな》」の語源ともなった。英語の「donation」（寄付）や臓器移植の際の臓器提供者「ドナー」（donor）の語源も同じである。

最も身近なお布施は、お参りに行ったときのお賽銭《さいせん》だが、悩ましいのは葬儀や法要で僧侶に渡すお布施だ。誰に聞いても相場はわからず、葬儀屋さんは「お気持ちで」の一点張り。最近では料金表を用意しているお寺もあるが、それはそれで反感を招く。払う側も受け取る側も悩みながら丁々発止の心理戦（？）を繰り広げているのだ。

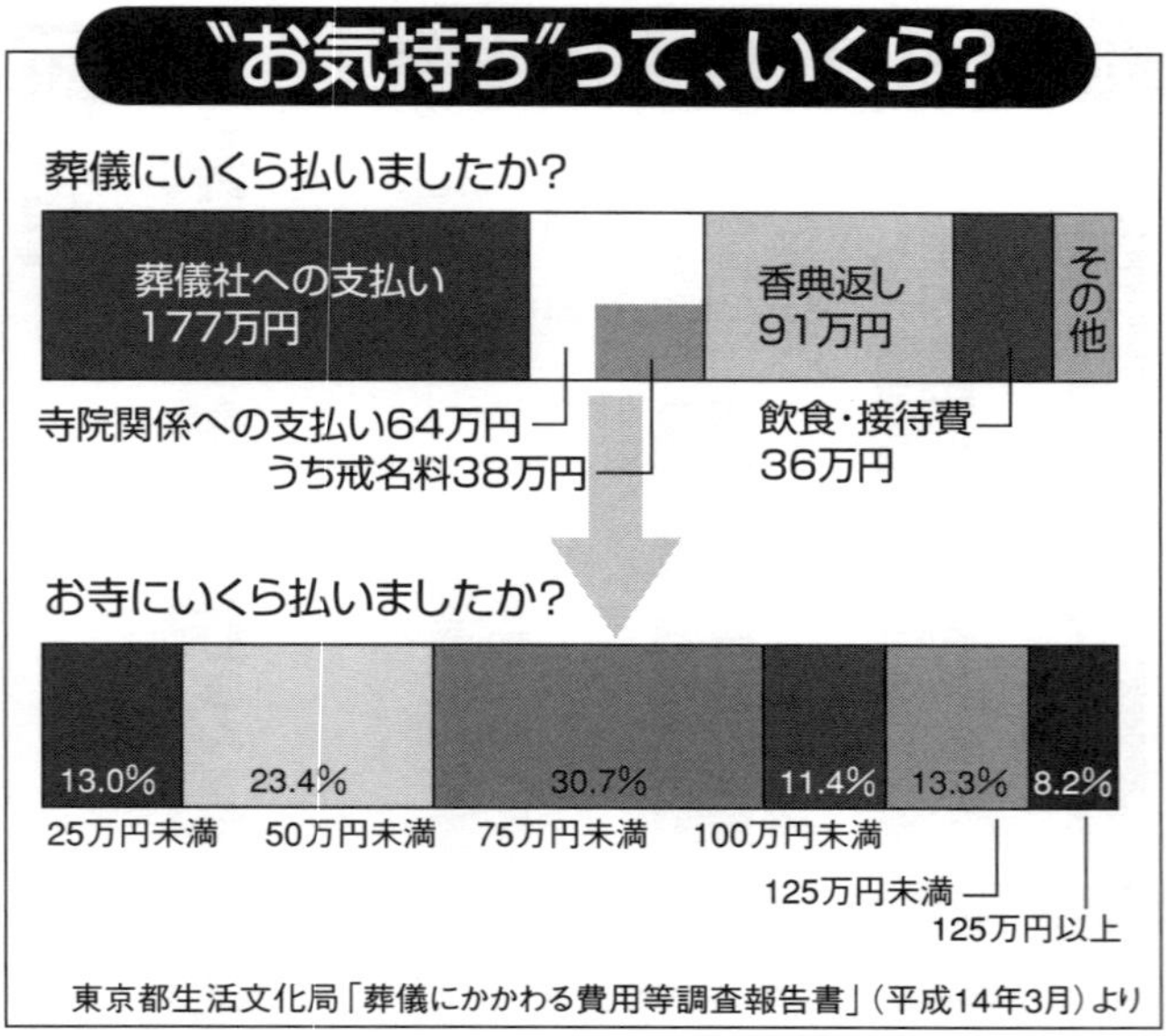

東京都生活文化局「葬儀にかかわる費用等調査報告書」（平成14年3月）より

一〇四

【木魚】なぜ魚の形をしている？

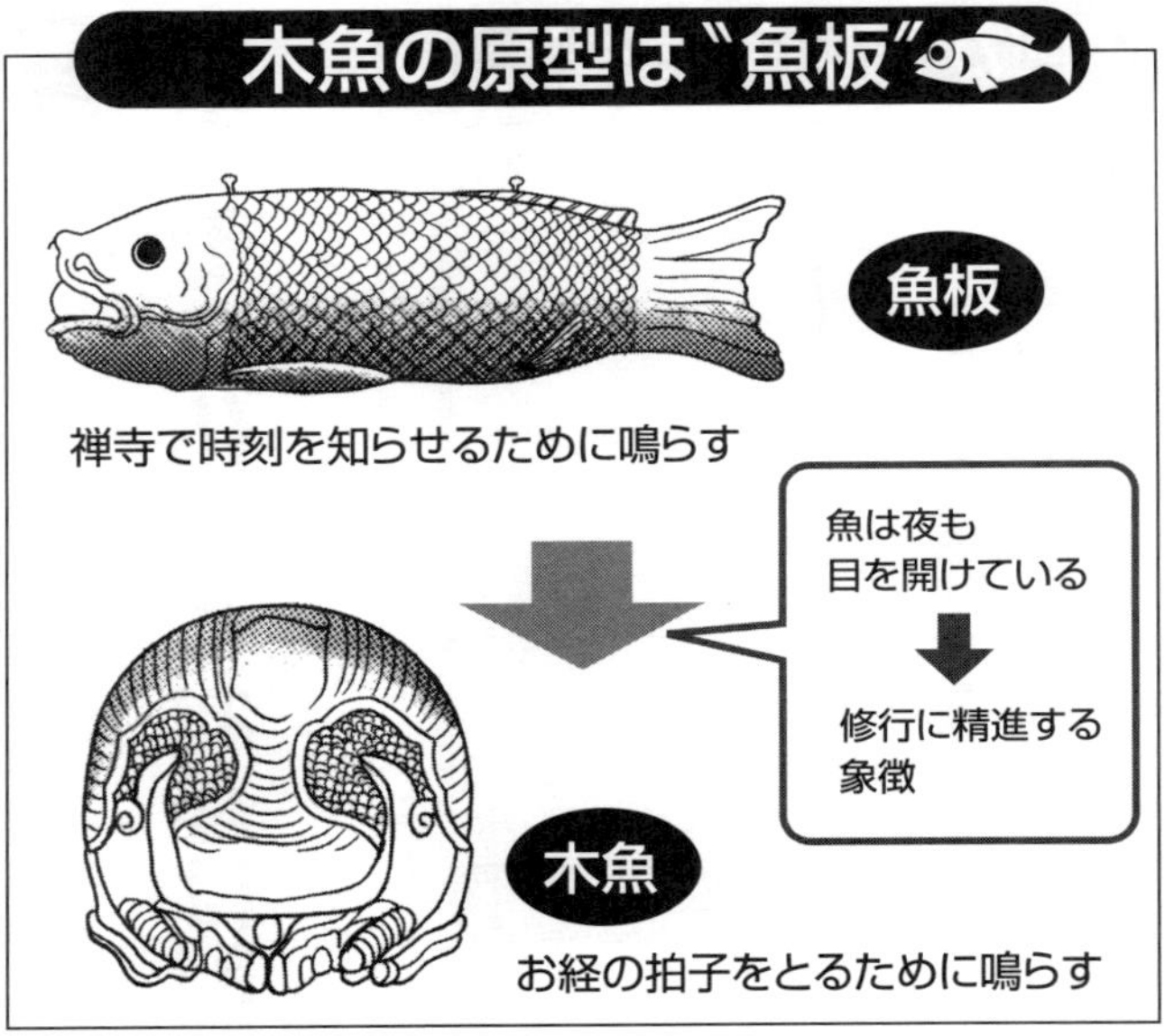
木魚の原型は〝魚板〟
魚板
禅寺で時刻を知らせるために鳴らす
魚は夜も
目を開けている
修行に精進する
象徴
木魚
お経の拍子をとるために鳴らす

お経を読むときにポクポクと鳴らす木魚。一説には、十七世紀に禅宗の黄檗《おうばく》宗を中国から伝えた隠元《いんげん》禅師が広めたと言われている。ちなみに、この隠元禅師はインゲン豆や煎茶を伝えたことでも知られている。

木魚はその名の通り、魚をかたどっている。頭と尻尾をくっつけているためわかりにくいが、よく見ると、表面に鱗が彫られているのがわかる。

木魚の原型をさかのぼると、禅寺で読経や食事の時刻を知らせるために鳴らした「魚板《ぎょばん》」（魚鼓《ぎょく》）に行きつく。なまぐさものを排した禅寺でなぜ魚なのかといえば、魚は昼夜目を閉じないため、休まず修行に精進する象徴とされているからだ。

【お墓】
そもそも仏教とお墓は関係がない

一〇五

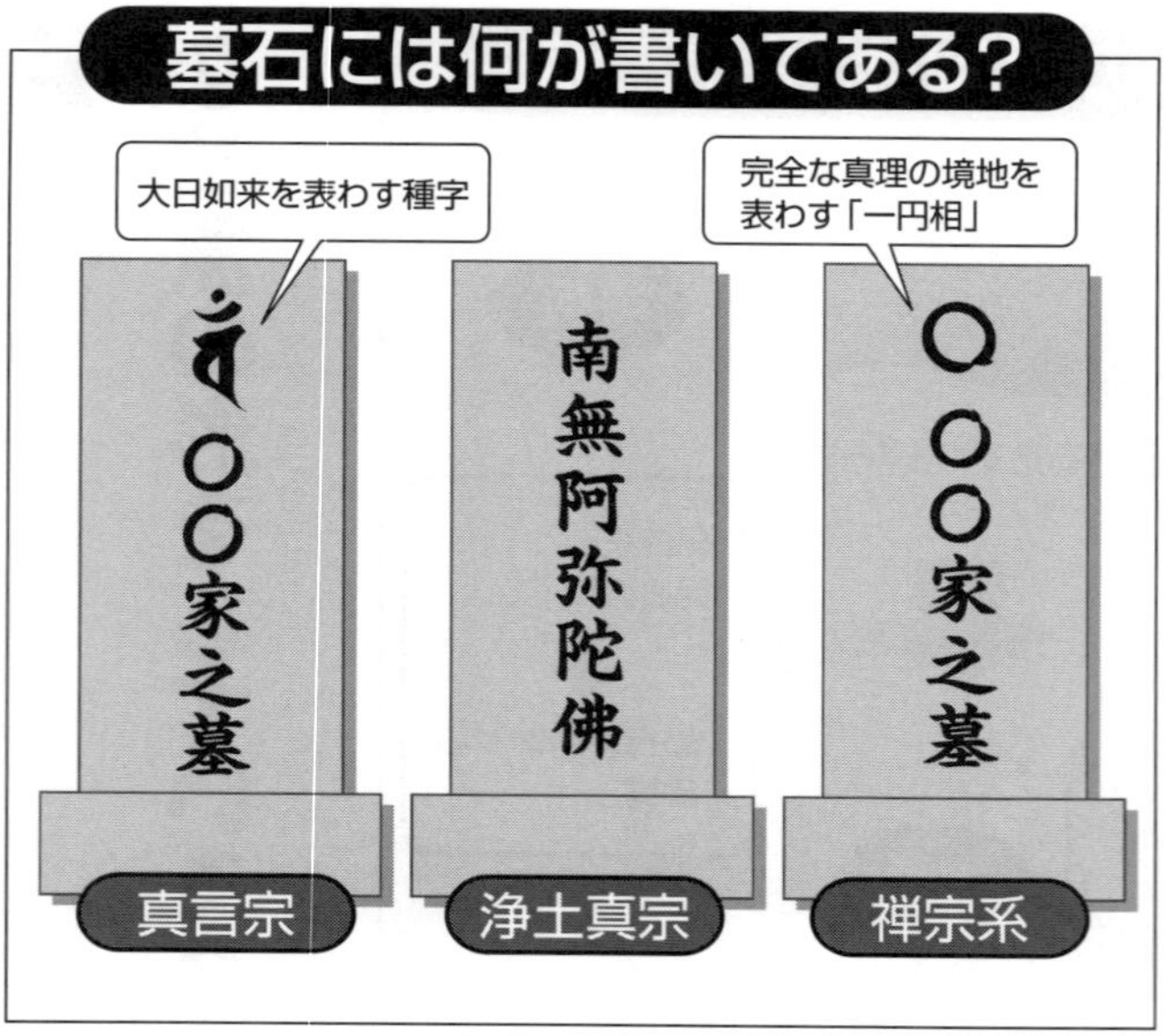

お寺といえばお墓がつきものだ。しかし、お釈迦さま自身は、お墓や先祖供養について多くを説いてはいない。輪廻によって生まれ変わるのだから何も残さないと考えるのだ。仏教は中国で墓や先祖崇拝と結びついたようで、その後、日本で現在のようなお墓がつくられるようになったのは、明治時代とされる。

実は筆者の実家（浄土真宗）にも代々墓がない。遺骨の一部を本山に納めるのみだ。誰もが成仏すると決まっているのであるから、墓をつくるというのは阿弥陀さまの本願を信じていないことになってしまう。親鸞も「加茂川の魚に食わせてしまえ」と言い残してこの世を去っている。

一〇六 【卒塔婆】あの形と文字にはどんな意味がある？

卒塔婆には何が書いてある？

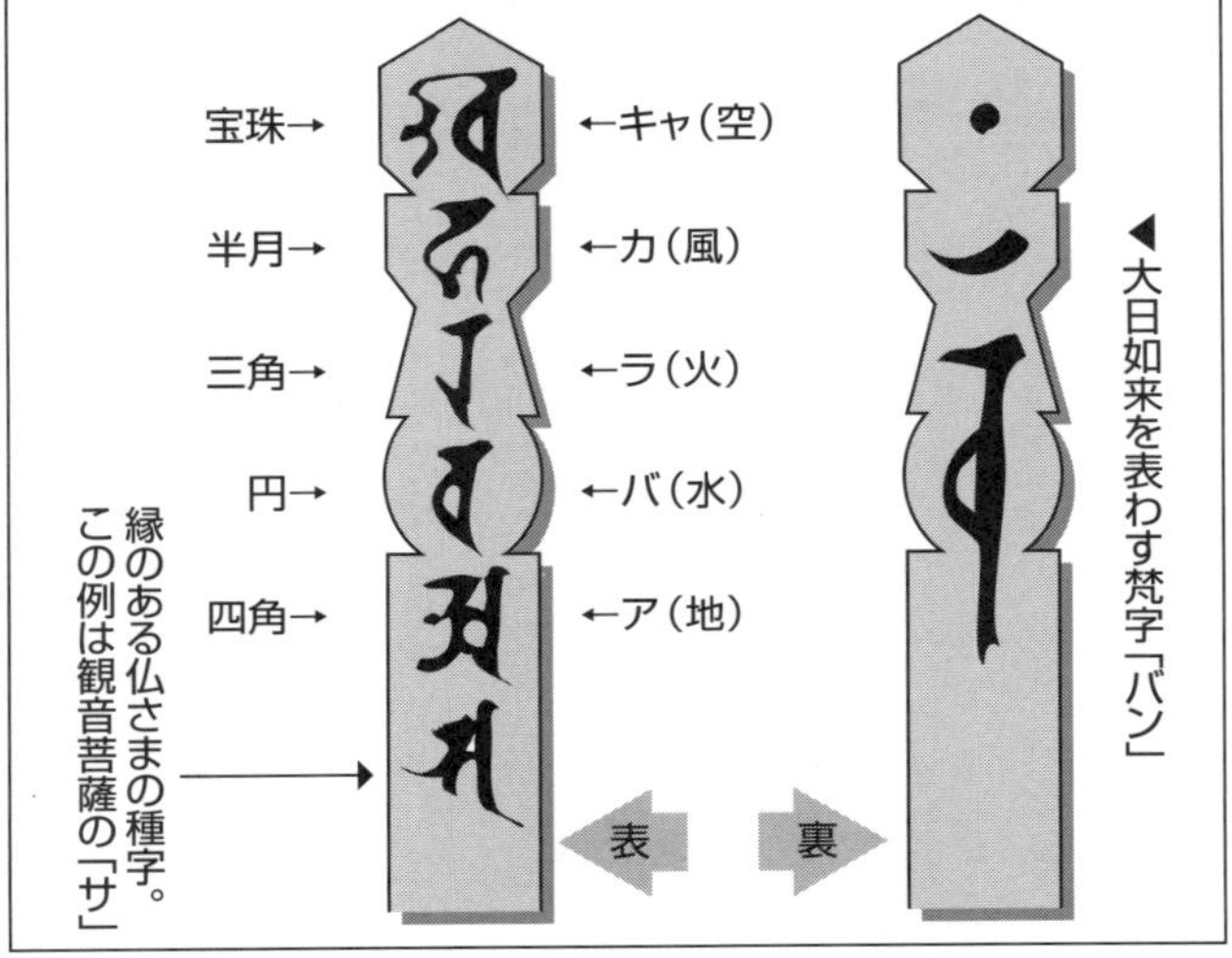

供養のためにお墓に立てる卒塔婆《そとうば》の由来は、お釈迦さまの遺骨（仏舎利）を納める「ストゥーパ」（→一七四頁）。石づくりの五輪塔《ごりんとう》が板状になったものと考えられ、「板塔婆《いたとうば》」と呼ばれる。上部の凸凹した部分が五輪塔と同様、仏教の世界観における物質の五つの構成要素「五大」を象徴している。一番下の四角形の部分は「地」、その上の円は「水」、さらに三角形の「火」、半月形の「風」、そして一番上の宝珠が「空」だ。

塔婆に書いてある文字はサンスクリット文字（梵字《ぼんじ》）。大日如来《だいにちにょらい》の「バン」など仏を象徴する文字が記されている。ただし、浄土真宗では卒塔婆は立てない。

【仏壇】
仏さまの世界をコンパクトに家庭に

一〇七

仏壇の歴史は古い。天武天皇の時代、すでに「持仏堂《じぶつどう》」と呼ばれる仏さまを祠った部屋があった。あるいは、法隆寺にある「玉虫厨子《たまむしのずし》」は仏壇のルーツ的存在だ。その後、室町時代になると「床《とこ》の間《ま》」に仏画《ぶつが》が祠られるようになった。一般の庶民が現在のような仏壇をもつようになったのは江戸時代とされている。

仏壇に欠かせない位牌《いはい》は、禅宗とともに中国から伝わったとされる儒教の習慣だ。

筆者の実家にはお墓はないが、仏壇はある。役割としては似ているようだが、お墓はご先祖代々がメインなのに対し、仏壇の主人公は位牌ではなく、あくまでお釈迦さまや阿弥陀さま、大日如来といった宗派ごとの仏さま。位牌は一段低い位置に置かれる。

仏壇は、故人との対話の空間であるのはもちろんだが、それ以前に仏さまを祠る空間であり、故人を浄土に導いてくれるよう、仏さまにお願いする空間なのだ。

仏壇は仏さまのためのものであることから、きらびやかな浄土の様子を模している。つまり、お寺の境内をコンパクトに凝縮したようなものだ。中央の台の部分は、世界の中心にそびえる須弥山《しゅみせん》。そこから上の浄土にご本尊の仏像が安置され、仏画が掛けられる。ろうそくはお釈迦さまの智慧の光明《こうみょう》を表わしている。

仏壇は仏さまの世界

浄土真宗の仏壇の例

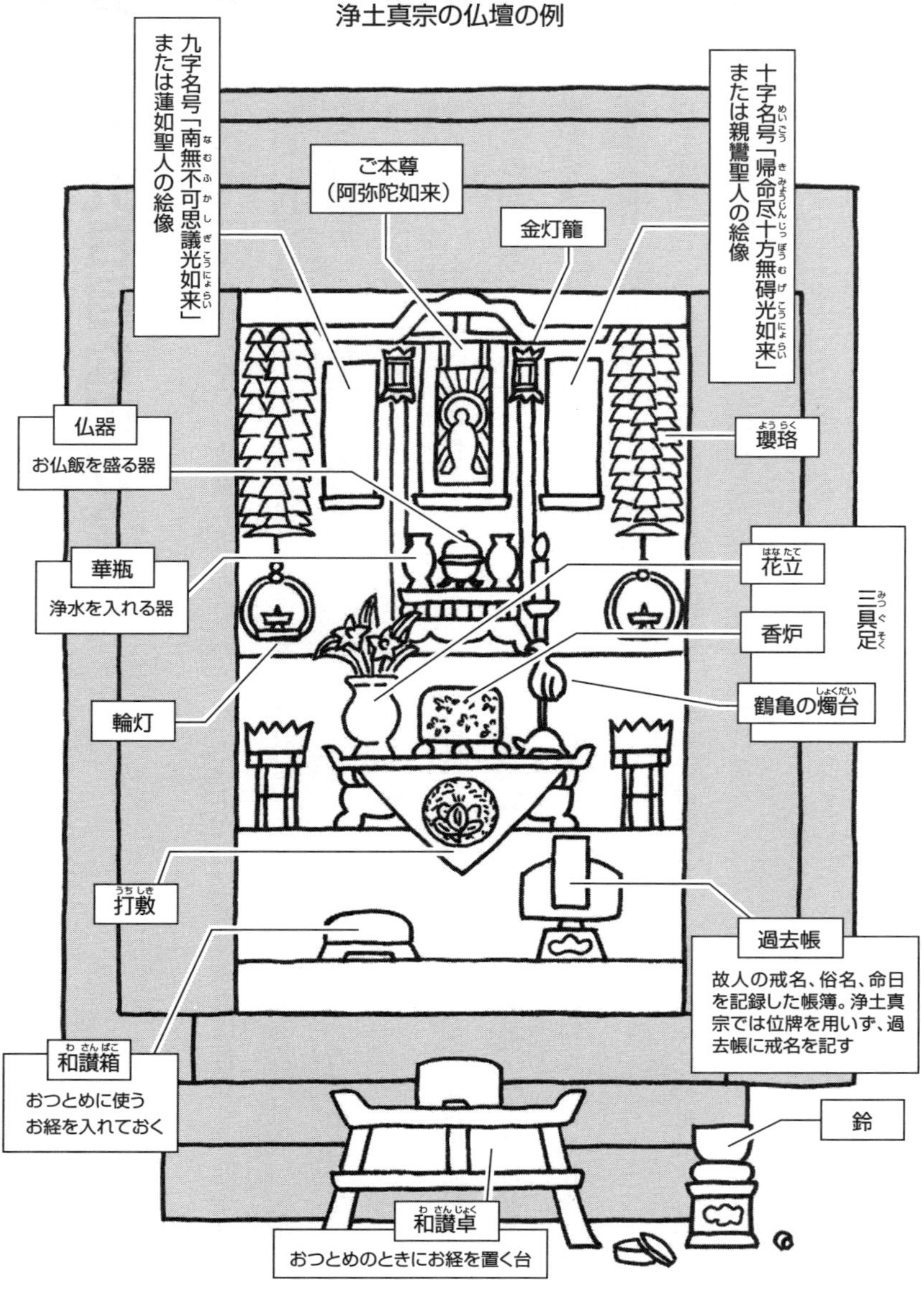
九字名号「南無《なむ》不可思議《ふかしぎ》光如来《こうにょらい》」
または蓮如聖人の絵像
ご本尊
（阿弥陀如来）
金灯籠
十字名号《めいごう》「帰命尽十方《きみょうじんじっぽう》無碍《むげ》光如来《こうにょらい》」
または親鸞聖人の絵像
仏器
お仏飯を盛る器
瓔珞《ようらく》
華瓶
浄水を入れる器
花立《はなたて》
香炉
鶴亀の燭台《しょくだい》
三具足《みつぐそく》
輪灯
打敷《うちしき》
過去帳
故人の戒名、俗名、命日を記録した帳簿。浄土真宗では位牌を用いず、過去帳に戒名を記す
和讃箱《わさんばこ》
おつとめに使うお経を入れておく
鈴
和讃卓《わさんじょく》
おつとめのときにお経を置く台

【法要】なぜ四十九日目なのか？

一〇八

故人が無事に成仏できるよう祈るのが法要《ほうよう》（法事《ほうじ》）。亡くなってから四十九日目までに行なわれる「中陰《ちゅういん》法要」とそれ以降の「年忌《ねんき》法要」がある。

人が亡くなってから四十九日間を「中陰」と呼ぶ。故人は「冥土《めいど》の旅」をしながら裁判を受け、浄土に迎えられるのか、あるいは、どんな来世に生まれ変わるかが決まる。

死後七日目、故人は三途の川に到着し、その後七日ごとに裁判を受けるとされている。したがって、七日ごとに法要を営んで、よりよい裁きが得られるよう供養する。ちなみに閻魔《えんま》大王は五回目の裁判官である。七回目の四十九日目は最後の裁きの日。浄土に行けるかどうかが決まる大切な日のため、四十九日《しじゅうくにち》法要は盛大に行なう。四十九日を過ぎれば、故人は浄土へ、あるいは次の人生へと生まれ変わっているため、この日をもって「忌明け」とする。

百日目の百カ日忌が過ぎると、節目の命日ごとに「年忌法要」を営む。一周忌は四十九日並みに盛大に行なわれるが、その後は徐々に規模を小さくしていく。三十三回忌あるいは五十回忌をもって「弔い上げ」とし、「先祖代々」の仲間入りをすることになる。

インドの仏教に由来するのは四十九日までで、百カ日から三回忌までは中国で、それ以降は日本で付け加えられた法要である。

中陰法要と年忌法要

	法要		
中陰法要	初七日《しょなのか》	故人が三途の川に到着	最近では葬儀の直後に行なわれる
	二七日《ふたなのか》	↓	
	三七日《みなぬか》	「冥土の旅」の期間、7日ごとに裁判を受ける。故人を供養して生前の罪を滅し浄土へ導く	
	四七日《しなぬか》	↓	
	五七日《ごしちにち》	↓	
	六七日《むなぬか》	↓	
	七七日《しちしちにち》（四十九日《しじゅうくにち》）	最後の裁き　忌明け	盛大に
	百カ日忌		
年忌法要	一周忌	1年目の命日	盛大に
	三回忌	2年目の命日	
	七回忌	6年目の命日	
	十三回忌	12年目の命日	
	十七回忌	16年目の命日	
	二十三回忌	22年目の命日	
	二十七回忌	26年目の命日	
	三十三回忌	32年目の命日　弔い上げ	地方によって異なる　盛大に
	五十回忌	49年目の命日　弔い上げ	

コラム 7

日本人の手で復活するインド仏教

仏教はインドで生まれ、その後滅んでしまった——本書ではそう書いてきた。しかし、正確には近年、仏教徒が増えつつあるという。しかも、その動きはひとりの日本人と関係が深い。話はインド独立の頃にさかのぼる。

インドの独立といえば、ガンジーが「独立の父」として英雄視されている。しかし、ガンジーはヒンドゥー教の伝統的な身分制度「カースト」を暗に認めていた。

これに挑んだのが、最下層カーストである不可触民出身のアンベードカル博士だ。彼は初代法務大臣を務め、平等を保障したインド憲法の起草者となった。

そして、カーストの呪縛から脱するために仏教に注目。一九五六年、五十万人の不可触民とともに仏教に集団改宗した。

アンベードカル博士亡き後、志を受け継いだのが日本人僧侶、佐々井秀嶺《ささいしゅうれい》師である。

師は一九六七年にインドに渡った後、一度も帰国せずにインド国籍を取得。インド政府の役職に就き、アンベードカル改宗の地マハーラシュトラ州ナグプールをベースに仏教復興の活動を続けている。

まだ少数派とはいえ仏教徒への改宗の動きは着々と進んでおり、その数は五千万人を超えたと言われている。

長田幸康（おさだ　ゆきやす）

1965年、愛知県生まれ。早稲田大学理工学部卒業。仏教とチベット文化に造詣が深い。インドでダライ・ラマ14世に出会って仏教に目覚め、チベット寺院に住み込んで理論と実践を学ぶ。現在、日本各地に伝わる仏教説話を訪ねる聖地巡礼に励むかたわら、毎年夏には、チベットに渡航し、仏教文化を巡るツアーの現地コーディネートを担当している。著書に『ぼくのチベット・レッスン』（社会評論社）、『旅行人ノート　チベット』（旅行人）、『チベット　こんなに楽しい聖地探訪』（祥伝社）など。寄稿に、『BRUTUS』別冊付録〝ダライ・ラマ〟、『フォト』「チベット仏画を継承する日本人」、NECインターチャネルCD-ROM「チベットの法輪」など。

http://www.k-word.co.jp

装丁　亀海昌次
装画　小野寺美恵
本文イラスト　田中明美
編集協力　（株）キーワード
編集　藤原将子（幻冬舎）

知識ゼロからの　仏教入門

2006年7月10日　第1刷発行
2022年10月20日　第14刷発行

著　者　長田幸康
発行人　見城　徹
編集人　福島広司

発行所　株式会社 幻冬舎
〒151-0051　東京都渋谷区千駄ヶ谷4-9-7
電話　03-5411-6211（編集）　03-5411-6222（営業）
公式HP：https://www.gentosha.co.jp/

印刷・製本所　株式会社 光邦

検印廃止

ISBN4-344-90085-5 C2076
Printed in Japan
この本に関するご意見・ご感想は、
下記またはQRコードのアンケートフォームからお寄せください。
https://www.gentosha.co.jp/e/